陪孩子一起走过高中三年

朱秀婷 编著

四川教育出版社
·成都·

图书在版编目（CIP）数据

陪孩子一起走过高中三年 / 朱秀婷编著 . — 成都：
四川教育出版社，2023.1（2023.5 重印）
ISBN 978-7-5408-8465-9

Ⅰ . ①陪⋯ Ⅱ . ①朱⋯ Ⅲ . ①高中生－家庭教育
Ⅳ . ① G782

中国国家版本馆 CIP 数据核字（2023）第 013125 号

PEI HAIZI YIQI ZOUGUO GAOZHONG SAN NIAN

陪孩子一起走过高中三年

朱秀婷　编著

出 品 人　雷　华
责任编辑　周代林
责任校对　保　玉
责任印制　田东洋
封面设计　松　雪
出版发行　四川教育出版社
　　　　　地　　　址　成都市锦江区三色路 266 号新华之星 A 座
　　　　　邮政编码　610023
　　　　　网　　　址　www.chuanjiaoshe.com
印　　刷　三河市众誉天成印务有限公司
版　　次　2023 年 1 月第 1 版
印　　次　2023 年 5 月第 2 次印刷
开　　本　880mm×1230mm　1/32
印　　张　6
书　　号　ISBN 978-7-5408-8465-9
定　　价　36.00 元

如发现印装质量问题，影响阅读，请与本社联系。
总编室电话：（028）86365120　编辑部电话：（028）86365129

高中阶段是孩子人生中重要的成长期，也是孩子一生中重要的时间节点，这三年将影响孩子未来的人生走向。可见，高中阶段对每一个孩子而言，都是至关重要的。

　　家长应该如何陪孩子顺利走过高中三年？如何让孩子在这三年里不负青春，全力以赴？家长应该如何做才能既不增加孩子的焦虑，又能给予孩子巨大的帮助？

　　我自己在陪伴两个孩子走过高中三年的过程中，积累了一些经验，也吸取了一些教训。回望走过的路，我认为有许多需要改进的地方。如果让我再走一遍，我一定能做得更好，心里更踏实、从容。因为我认识到，当开始这三年的历程时，我首先应该问自己一个问题："我想让孩子成为一个什么样的人？"这个问题的答案能引领我更好地陪孩子走过高中三年。

　　如果我们只想让孩子考上大学，那我们的全部心思就是盯着孩子的学习，只要孩子成绩不理想，我们就会紧张、焦虑，担心孩子考不上大学。这样的心态只会不断给孩子造成压力，让孩子长期在重压下学习，加重孩子的焦虑情绪。

所以，我们不能短视，不能只盯着眼前的三年，应该把眼光放长远，从孩子一生的时间线去思考。这样，我们就会发现，高考成绩固然重要，但是让孩子成为一个人格健全的人，成为一个热爱生活、正直善良、积极阳光、有终身学习能力的人更重要。如此，我们就不会只盯着孩子的学习，我们会更期望孩子不仅善于学习，喜欢阅读，还多才多艺，喜欢艺术，热爱运动，对世界保有好奇心，遇到挫折时能积极走出困境。

当我们成为理性的家长后，就会知道在陪孩子成长的过程中，要相信孩子，不唠叨，不抱怨，不只追求成绩，不焦虑，不失控，时刻给孩子传递真诚、温暖和力量，用正确的观念影响孩子，让孩子内心笃定，坚定前行。

有人曾说："教育的本质是一棵树摇动另一棵树，一朵云推动另一朵云，一个灵魂唤醒另一个灵魂。"我们作为孩子教育的直接参与者，有责任用更多的爱心、耐心和毅力助力孩子不断实现自我超越，实现伟大的梦想。

在孩子成长的过程中，我们其实也在不断被孩子"反哺"，从孩子那里学到很多，我们和孩子其实都在成长。让我们和孩子一起努力，顺利度过高中三年！

朱秀婷

2022 年 12 月

第 章

规划好学习路径

第 **2** 章

明确高中学习要点

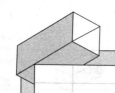

第 章

掌握好方法，收获好效果

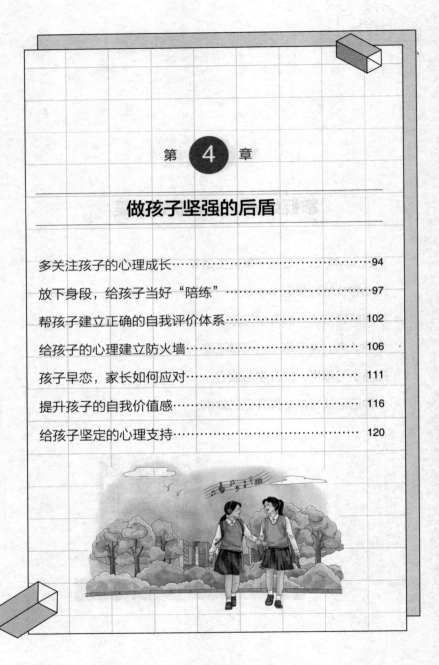

第 **4** 章

做孩子坚强的后盾

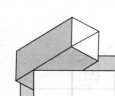

第 **5** 章

多参与丰富多彩的能力提升活动

第 **6** 章

毕业季，为未来做好准备

第 1 章

规划好
学习路径

先做好规划，再开始学习

大儿子升入高中以后，我们全家人都很开心。高中阶段的孩子正处在风华正茂的年龄。孩子朝气蓬勃、怀着对未来的美好憧憬，准备为实现自己的梦想而好好学习。

作为家长，我们除了祝福孩子，也与孩子认真地制订了未来的职业规划和选科计划，好让孩子明确高中三年的目标，每一天都过得充实而有意义。

高中三年对孩子的人生具有重要的作用。让孩子清晰地知道自己这三年应该怎么度过，高中应该选学哪些学科，想上什么大学，未来想从事什么职业，都是非常重要的。

现行的高考政策家长都了解，全国绝大部分省（市、自治区）已启动新高考改革，高考科目分为语数外加政史地理化生（任选三科）或语数外加理史（二选一），再加其他四科地政化生（任选两科）。所以，孩子应尽早根据自己未来的职业方向选择学科。这个选择至关重要，选错了，孩子就要学不喜欢的学科，未来可能从事不喜欢的工作，因此可能会走很多弯路。所以，家长一定要帮助孩子正确分析，做好选择。选对方向，做好规划，按照规划学习，三年后，孩子更有可能考上理想的大学，未来的人生才可能会顺利开启。

|亲|测| 如何帮孩子做职业规划和选学科？

1. 先确定未来的职业方向

因为我和先生在孩子们小的时候，经常给他们讲名人故事，讲了很多企业家和科学家的故事，孩子们深受影响，各自根据他们的兴趣特长确定了未来的职业方向。大儿子喜欢数学、语文，但是不太喜欢物理、化学，他更倾向于将来做金融和企业管理方面的工作，未来想当企业家。小儿子从小喜欢数学、物理、化学等理科学科，更喜欢搞发明创造，未来想当一名人工智能方面的工程师。当他们确定了未来的职业方向后，内心的动力就更足了。

2. 根据职业方向确定选科

孩子确定了自己未来的职业方向，就可以根据自己的兴趣来选科了。当时，大儿子选择了文科方向，上了文科类的课；小儿子选择了理科方向，上了理科类的课。他们选的科都是自己喜欢的，所以学习起来很有兴趣，都没有偏科，每一门都学得很好。现在很多地区不再分文理科，孩子可根据自己的规划和兴趣以及社会的需要选择学习具体的学科。

3. 确定在哪些科目上下功夫

孩子知道自己要选哪些科目，就会有计划地储备知识和购买课外书，有针对性地在这些科目上下功夫。他们会提前研究这些科目的课应该用什么方法学习，怎样听课效率更高，如何预习、听课、复习、做作业。这样，他们更清楚自己应该怎样学习，而不用家长操心。

我们的经验就是要与孩子多沟通，与孩子一起分析他们的特长、喜好是什么以及目前社会就业情况，选择他们擅长的领域作为未来的职业方向。这样，孩子在学习的过程中就会因为喜欢而热爱学习，孩子的内驱力就能调动起来。不用家长多操心，孩子自己就知道该往哪里用力。这样，孩子的高中三年就能很踏实地

度过。

这几年，一些地区实行了新高考改革，再加上国家实行强基计划，孩子有了更多的选择。我在这里分别做一些介绍，让家长们更清楚如何帮助孩子做规划。

根据新高考改革的要求帮孩子做规划

近些年，一些地区陆续开始实行新高考改革，不再进行文理科分科。对于孩子来说，选学科是关系到高考及未来职业方向的大事，家长要认真对待。

在实行新高考改革地区的家长要提前了解新高考政策，预先帮助孩子为选学科做准备。新高考改革给了孩子更多选择的机会，孩子可以扬长避短，选自己喜欢和擅长的科目学习，学对自己未来发展有利的学科。具体而言，家长要早做功课，提前研究、了解相应政策，了解孩子的志向，了解相应的大学及其专业，把信息整理出来，给孩子提出合理的建议，与孩子讨论、选择。

下面介绍一下新高考改革的内容。

1. 取消文理科分科

改革前，高考考生分为文科生和理科生，文科和理科的数学试卷不同。

改革后，高考取消文理科分科，学生依据自己的兴趣、学科优势以及高校分专业选科要求选择科目，学生学到的知识更加多元。数学试题也不再区分文理科，所有考生都使用相同的数学试卷。

2. 命题方向和考查内容发生变化

改革后，高考命题结合人才选拔要求，着重考查学生独立思考和运用所学知识分析、解决问题的能力，注重对学生的应用能力、探究能力和创新能力进行全面考查，习惯死记硬背的学生需要改变学习方式。

3. 新高考有两种模式

（1）"3+3"模式

"3+3"模式就是语数外＋政史地理化生任选三科的组合模式。这种模式给学生较大的自主权，同时促成"走班"模式，老师固定在一个教室，学生根据自己选的科目到相应老师所在的教室上课。学生没有固定座位，流动上课。

（2）"3+1+2"模式

"3+1+2"模式是语数外＋理史（二选一）＋地政化生（任选两科）的组合模式。这种模式更加凸显物理和历史学科的基础性作用。物理是自然科学类专业的基础性学科，历史是人文社会科学类专业的基础性学科，高中学习物理或历史科目，将为大学学习自然科学类专业或人文社科类专业以及相关交叉学科专业打好基础。

无论是"3+3"模式还是"3+1+2"模式，都能让学生扬长避短，根据自己的优势选择适合自己的发展方向。家长做好功课，和孩子提前规划好，孩子才能少走弯路。

4. 招生录取模式发生变化

改革前，高考的招生录取模式是由招生学校依据考生的高考总成绩择优录取。

改革后，采用"两依据、一参考"的招生录取模式，即由招生学校依据考生的统一高考成绩和高中学业水平考试成绩，参考考生的综合素质评价择优录取。

5. 考试科目与分值计算方法变化

改革前，高考的考试科目分为两类：语数外＋理综（理化生）、语数外＋文综（史地政）。其中，语数外每科满分均为150分，文综或理综满分均为300分。

改革后，高考实行"3+3"模式或"3+1+2"模式。在"3+3"模式中，第一个"3"是指全国统一高考的语数外三科，每科满分都是150分，其中外语考试一年进行两次；第二个"3"是指考生在政史地理化生六科中，自主选择三科参加等级考试，每科满分都是100分。在"3+1+2"模式中，"3"是指全国统一高考必选的语数外三科，使用原始成绩计入考生总成绩，每科满分都是150分；"1"是指从物理、历史中任选一科，为选择性考试首选科目，使用原始成绩计入考生总成绩，满分为100分；"2"是指从政地化生中自主选择两科参加等级考试，为选择性考试再选科目，按等级分计入考生总成绩，每科满分都是100分。

根据强基计划帮孩子做规划

作为高考招生的主要途径之一，强基计划因可以有效提高考生进入名校的成功率，受到了家长广泛的关注。什么是强基计划？它适合哪些考生报考？高一、高二、高三学生该如何进行准备？

1. 什么是强基计划？

强基计划主要选拔、培养有志于服务国家重大战略需求且综合素质优秀或基础学科拔尖的学生。聚焦高端芯片与软件、智能科技、新材料、先进制造业和国家安全等关键领域，以及国家人才紧缺的人文社会科学领域，由有关高校结合自身办学特色，合理安排招生专业。

2022年，国家安排39所重点高校结合自身办学特色组织招生。

招生专业包括数学、物理、化学、生物、历史、哲学、古文字学等相关专业。对学业优秀的学生，高校可在免试推荐研究生、直接攻博、公派留学、奖学金等方面予以优先安排。探索建立本—硕—博衔接的培养模式，本科阶段培养要夯实基础学科能力素养，硕博阶段既可在本学科深造，也可探索学科交叉培养。

2. 参加强基计划有什么作用？

强基计划非常适合基础学科成绩突出、想走科研路线的优秀学生报考。有的学生如果单靠高考成绩也许无法考上这39所名校，但是强基计划给这些考生提供了一个绝佳的机会。

3. 强基计划的报名条件是什么？

（1）须为高三的考生。

（2）须符合高考报名条件并参加完高考考试。

（3）拥有在省级比赛或者数学、物理、化学、生物、信息学五大学科竞赛中的获奖成果，以证明自己具有学科特长。

4. 强基计划的招生流程

从过去几年的惯例来看，强基计划的招生流程一般为：3月底至4月，试点高校发布年度强基计划招生简章，考生在网上报名；6月25日前，各省（区、市）出高考成绩；6月26日前，高校确定参加考核的考生名单；7月4日前，高校组织考核；7月5日前，高校根据考生的高考成绩、高校综合考核结果及综合素质评价等按比例折合成考生综合成绩，再按综合成绩择优录取。

5. 强基计划招生高校名单（2022 年）

北京大学、中国人民大学、清华大学、北京航空航天大学、北京理工大学、中国农业大学、北京师范大学、中央民族大学、南开大学、天津大学、大连理工大学、吉林大学、哈尔滨工业大学、复旦大学、同济大学、上海交通大学、华东师范大学、南京大学、东南大学、浙江大学、中国科学技术大学、厦门大学、山东大学、中国海洋大学、武汉大学、华中科技大学、中南大学、中山大学、华南理工大学、四川大学、重庆大学、电子科技大学、西安交通大学、西北工业大学、兰州大学、国防科技大学、西北农林科技大学、东北大学、湖南大学。

6. 强基计划重点专业

强基计划重点专业包括：数学、物理、化学、生物、历史、哲学、古文字学等相关专业。还有部分高校在基础医学、工程力学、核工程与核技术、信息与计算机科学等专业进行招生。

7. 强基计划的培养模式

强基计划不仅聚焦拔尖人才的选拔，更注重人才的培养。按照"一校一策"的原则，高校为通过强基计划而录取的学生单独制订培养方案，单独编班，配备一流的师资和学习条件，实行导师制、小班化等培养模式，探索建立本—硕—博衔接培养模式。

强基计划招生和培养一体化，便于考生提前进行生涯规划；也让少数通过竞赛获奖的考生破格入围，为他们迈入名校创造多种可能性。

强基计划的实施意味着今后的小学、初中、高中会比以往更强调对学生创新能力和思维能力的培养。这是教育改革的趋势。所以，重视尽早对孩子思维能力和创新能力的培养，也是家长要做好的事情。

8. 高一、高二、高三学生该如何准备？

对于高一、高二年级有志于参与强基计划选拔的学生来说，除了搞好学习，提升学习成绩之外，提前根据自身情况准备参加竞赛，可以积累更大优势。拥有竞赛奖项能让学生在综合评价、少年班、少创班、清北体验营等特殊招生计划及高校活动中脱颖而出。

对于高三学生来说，首先需要全面了解强基计划政策，结合往年各校入围分数线及自身成绩提前定位目标院校；其次，须在高三各轮复习中查漏补缺，提高高考成绩，增加入围概率。

从各强基计划招生高校近两年校测方式来看，各校强基计划校测难度一般大于高考，清北、"华五"等顶尖高校校测难度更是接近竞赛水平，有竞赛经验的考生更容易在校测中胜出。

家长可以根据孩子的情况和强基计划的要求，提前帮助孩子做好规划。

我的两个孩子在高中毕业时没有这么多选择。现在的孩子有了更多选择，家长要做好功课，提前为孩子做好规划，让孩子少走弯路。

明确高中三年的中心任务和目标

学生在高中三年的中心任务是完成三年学习，考上理想的大学。但是具体到每一年，中心任务是不一样的。高一和高二主要是学习高中三年的知识，高三主要是复习巩固，做好高考准备。所以，孩子每一年要围绕当年的中心任务制订计划，知道每一年要干什么，围绕当年的中心任务开展学习，为下一步打好基础。

高中每一年的中心任务是什么?

1. 高一：打基础

高一的课程比初中的课程难度提升了一大截，所学内容大约是高中知识的二分之一，需要孩子尽快掌握学习方法，养成良好的学习习惯，管理好自己的时间，弄懂并掌握所学知识，踏踏实实打好基础，为步入高二做好准备。高一是打基础的关键一年，基础打好了，后面的学习才不会出现太多问题。

2. 高二：沉浸式学习，为高三冲刺做准备

高二的课程难度比高一又提升很多，同时，高二一般要学完

剩下的全部高中课程，学习任务繁重，更需要孩子沉浸式学习。

高二的孩子已经度过了高一年级的适应期，同时离高考还有一年多时间，各方面压力没有那么大，很容易放松、懈怠，迷失方向。所以这一年更考验孩子的意志力和自制力。家长要盯住孩子学习，确保成绩不滑坡，为高三冲刺做好准备。

3. 高三：复习巩固

高三的孩子基本上不会再学习新知识，主要用于复习、做题，巩固前两年学习的知识，提升应试能力，为高考做充分的准备。这一年，竞争压力、高考压力、对未来的不确定感，都会给孩子造成压力。孩子更需要培养自律能力、自学能力和意志力。

高中三年各学期的中心任务

时间	阶段	中心任务
高一上学期	适应期	以最快的速度适应高中生活，最需要做的是端正学习态度
高一下学期	养成期	这学期需要养成良好的学习习惯，安排好作息时间，开始由适应向有条不紊过渡
高二上学期	起跑期	高二开始，大家的成绩开始慢慢拉开距离，最需要做的就是跟上大部队，不能被第一梯队落下
高二下学期	稳定期	如果上学期能够跟上大部队，下学期则需要保持住，高中课程在这学期基本上结束
高三上学期	复习期	进入高三，须调整好心态，制订好复习计划，跟着老师的节奏走
高三下学期	冲刺期	不骄不躁，保持自信，查漏补缺，从每一次考试中汲取经验和教训，为高考做最后的准备

高中三年的学习目标分解

每一个孩子都有一个大目标，那就是考上大学。但是这个大目标或多或少会给孩子造成心理压力，让孩子背上思想包袱。为了减轻孩子的心理压力，需要把大目标分解成一个个小目标，分摊到每一天的学习中，这样孩子实现起来就容易多了。分解出的小目标要具体，孩子实现起来难度不大，这样孩子才不会有很大的压力。而且，每实现一个小目标，孩子就会获得一份成就感，会更努力去实现下一个小目标。当孩子实现了一个个小目标，离大目标就越来越近了。

具体如何做呢？

1. 把长远目标拆分成阶段性目标

把一个长远目标拆分成阶段性目标，再把阶段性目标分解成每天的小目标。这样，目标就变得很小，实现起来难度较小，孩子就不会有很大的心理压力。

2. 目标越具体越容易实现

把目标具体到每一天，一天完成一点。比如，一年要背6000个英文单词，孩子觉得太难了，那就把它分解到每一天，每天背10多个单词，这就很容易。长期坚持下去，一年就完全可以背完6000个单词了。

3. 小目标的任务量要量力而定

分解后的任务量是孩子完全可以完成的，这样的任务量就是适合孩子的小目标。

4. 给目标定一个完成的期限

谁都会有惰性，拖延的时间越久越不想做。所以，要把目标限定在一个期限内完成，这样孩子会督促自己按时完成任务。

一些高中孩子之所以想半途而废，就是因为他们把考上大学想得太难，畏难心理迫使他们放弃努力。如果他们把这个大目标分解一下，一步步去完成，每天做好每天应做的事情，就能够顺利考上大学。把大目标分解成小目标，是很多学霸的学习秘籍。让孩子学会这样做，一点点完成学习目标，他就能做得很棒。

制订合适的学习计划

孩子升入高中以后，不能完全沿用初中的学习计划和学习策略，需要根据高中的学习要求制订一份适合自己的高中学习计划，这样才能保证学习效率。我的孩子一上高中，我就让他们先制订学习计划，用计划指导学习和生活。

孩子在制订学习计划之前，一般要先了解课程的难度、老师的教学特点、自己各科的优劣势等。然后在学习过程中根据课程的需要和自己的时间安排不断迭代升级，不断优化，使计划更合理，更好地帮助自己安排好学习和生活。

制订学习计划要考虑哪些因素？

1. 先确定每一学期的学习目标是什么

根据学习目标制订学习计划。如果孩子是一个志向高远的孩子，那他的学习目标一定是能够排在年级第一梯队，他就要围绕这个目标制订学习计划。如果孩子的学习目标是提升弱科，把总成绩提上去，跟上第一梯队，那就要在制订计划时多分配一些时间到弱科上去。因此，制订计划前要明确哪门课程学得好，哪门课程学得不好，哪些知识是孩子难以掌握的，孩子要参加哪些活动，发展哪些兴趣特长……从而制订学习计划，合理分配时间。一句话，无论孩子是什么情况，都需要对具体情况做出分析，有针对性地制订学习计划。

2. 合理分配每天的学习时间

每个人每天的有效学习时间是有限的，孩子为了获得最好的学习效果，就必须合理分配学习时间。怎么分配呢？

（1）根据课程的学习情况确定学习时间的比例

一般来说，哪门课程学习得越不好，这门课程分配到的时间就要越多；哪门课程学习得越好，这门课程分配到的时间相对更少。一门课程的某一部分越难理解，这部分分配的时间就要越多；某一部分学习得越好，这部分分配的时间就要越少。

（2）根据分值和成绩提高的快慢确定学习时间分配比例

可以根据高考的分值比例分配学习时间（基础差、知识漏洞多的孩子不用这种方法），这样可以用最少的时间获得最好的学习效果。一般来说，高考中分值越高的科目，试卷中分值越高的部分，应该花更多的时间学习。比如，语文的分值在高考中是较高的，作文在语文试卷中占 40% 的分值，因此要多分配一些时间练习作文。此外，哪门课哪一部分考试成绩能提高得越快，这一部分的学习时间就要分配得越多。

制订学习计划的基本原则

1. 计划要具体

例如：两天写一篇作文，一个月背完 500 个英文单词，每天精读 10 页课外书等。

2. 计划要符合实际

制订的计划要符合孩子的实际，要能够完成。如果孩子努力后能够完成，这个计划就是符合实际的计划。如果计划制订得不合理，孩子完全没办法完成，这个计划就不好，会因为执行不下去影响孩子的心情和积极性。

3. 要循序渐进

学习要循序渐进，每天、每周或每月的任务量可以逐步增加，用任务督促孩子不断提升学习能力。例如：这个月记住 400 个单词，下个月记住 500 个单词。

4. 不同课程交叉进行

一般来说，学习一门课程久了，容易产生厌倦。因此，可以安排不同的课程交叉学习，让孩子始终有学习兴趣。

5. 及时调整学习计划

学习计划执行一段时间之后，要进行复盘、总结，分析计划完成的情况、计划不合理的地方等，及时调整学习计划，这样有利于持续提升自己的学习效率。

|亲|测| 如何指导孩子制订一份合适的学习计划？

1. 明确优势学科和劣势学科

帮助孩子明确优势学科和劣势学科，然后分配学习时间，把更多的时间和精力投入到劣势学科中，以提升劣势学科成绩。

2.指导孩子根据生物钟安排学习

一般来说，上午九点到十一点、下午三点到五点、晚上八点到十点是一天中精力较好的时间段。把劣势学科安排在精力较好的时间段学习，优势学科放在其他时间段学习，这样可以更快提高劣势学科的成绩。

3.用学习计划指导每天的学习

比如孩子之前不爱预习，上课不爱记笔记，做作业喜欢拖延，那就要在制订学习计划时安排出预习和做作业的时间。用学习计划指导孩子开展每门课每天的学习，培养良好的学习习惯，提升学习效率和学习质量。

4.用零碎的时间学习零碎的知识

每天都有很多零碎的时间，如果都浪费了，对一个高中生来说很可惜，所以孩子要把这些时间也用来学习知识，日积月累，就会积累不少知识。比如，英文单词在任何零碎时间都可以背，古诗词在任何零碎时间也可以背，这些内容都可以用零碎的时间来学习，这样可用整块时间学习别的内容。

5.制订短期学习计划和长期学习计划

学习计划分为短期计划和长期计划。短期计划会让孩子每天的学习生活更加科学和易于管理；长期计划作为一个阶段的学习计划，可以用来督促孩子不偏离方向。所以，家长要指导孩子制订学期计划、月计划、周计划、日计划。制订长期计划时要制订学期目标，制订短期计划时要列出行动步骤。

上述两类计划之下通常涉及这些学习计划：

（1）每日学习计划

（2）单科学习计划

（3）针对学习上的漏洞制订的学习计划

（4）针对某一个知识点制订的学习计划

6. 提醒孩子不断验证和修正学习计划

制订好初步的学习计划后，还需要提醒孩子不时对学习计划进行验证，验证其是否真的能提升学习效率和适合孩子。须在验证的过程中不断优化，制订出最适合孩子的计划。不同的人有不同的学习计划，适合的才是最好的。

留学信息早知道

　　绝大多数高中的孩子都会参加高考，通过高考升入大学；也有一部分孩子会走另外一条道路——出国留学。出国留学有两种方式：一种是正常参加高考，拿高考成绩申请国外大学；另一种是在高中时上国际学校或者国际班，直接按照国外大学的录取要求来准备。这一篇内容主要以申请英语国家留学为例分享一些留学信息。因为每一个留学目的国对留学的要求都不同，没有统一的标准，而英语国家是很多中国留学生的留学选择，所以，我就以此为例分享一些留学常识，供家长们参考。

什么时候做留学规划合适？

留学规划最好在孩子上初中时就开始做。因为早做规划，孩子可以早点开始语言学习，早点参加各种竞赛，到高中时一般就打好了语言基础，也有了竞赛成绩，可以备考托福、雅思等，进一步提升专业能力，为申请留学做好准备。

申请留学要做哪些准备？

1. 确保孩子从初三到高中毕业每一学期成绩优秀

申请英语国家大学，首先要提交从初中三年级到高中毕业每一学期的成绩单。这是那些大学看重的一项指标。这四年成绩要一直很好，或者稳步提升，不能大起大落，更不能越来越差。那些大学要从这些成绩里看一个学生的学习态度、学术水平、科研能力以及语言功底。孩子要不懈努力，确保这四年学习成绩优秀。

这些成绩单由高中直接提交给孩子申请的大学，学校为了自身的声誉，是不会造假的。学校的声誉会惠及学校一代代学生。比如北京四中学术严谨，学生素质高，声誉好，所以每年都会有国外顶尖大学从该校录取学生。

2. 孩子在高中时要考托福或者雅思

（1）关于托福考试

要去英语国家留学，需要提供托福成绩。托福是"对非英语国家留学生的英语考试"（Test of English as a Foreign Language）的英文缩写（TOEFL）的音译，是美国教育考试服务中心（ETS）测评留学生英语语言能力的水平测试。托福主要考查考生阅读、听力、口语、写作 4 个部分，每个部分 30 分，总分 120 分。

托福考试是全球认可度最高的英语语言考试，被全球 160 多个国家和地区超过 11500 所综合性大学、机构和学院认可，所有美国、加拿大、澳大利亚、新西兰以及欧洲和一些亚洲国家的大学录取本科生和研究生都要求考生提交托福成绩。

一般申请这些学校的本科生和研究生，都需要托福成绩达到 93 分及以上。其中，申请世界顶尖大学的本科生和研究生，一般需要托福成绩达到 110 分及以上。所以，准备出国留学需要早一点把英语学好。托福成绩有效期为两年，所以，最好在高二时考出好成绩，高三申请大学时成绩还在有效期内。

国内托福考试由我们国家考试中心负责安排。很多城市都有托福考点，每个考生可以自己在网上报名。每个考生可以多次参加考试，每次的成绩都会自动计入个人信息库。寄送给考生的成绩单中，会包含当次成绩和"My Best Scores"（我的最佳成绩，即从考生过去两年内全部有效成绩中选取听力、阅读、写作、口语四个单项的最高得分，组合而成的总成绩）。

托福考试这个特点让考生无须担心偶尔发挥失常。申请大学时，提交自己考得最好的那次成绩就行。当然，考生的考试次数最好不要超过三次，因为每一次成绩在系统里都有记录，多次考试易给人留下准备不够充分或成绩不够好的印象，对申请大学并没有很好的加分效果，所以最好在准备充分后再考。

（2）关于雅思考试

雅思（IELTS）全称为国际英语测试系统（International English Language Testing System），是著名的国际性英语标准化水平测试之一。雅思考试由英国文化教育协会、剑桥大学考试委员会等共同管理。它是全球认可度较高的国际英语测试，获得全球超过 140 个国家和地区的 10000 所院校机构的认可，每年有超过 300 万人次参加雅思考试。

雅思考试是为那些打算在以英语为交流语言的国家和地区留学或就业的人们设置的英语水平考试，分为学术类测试（A 类，Academic）和培训类测试（G 类，General Training）。

雅思考试是从听、说、读、写四个方面进行英语能力全面考核的国际考试，能够立体综合地测评考生的英语语言运用能力。全国很多城市都设置有雅思考点，考生可以根据自己的需要报名考试。雅思考试成绩总分为 9 分，有效期限通常为 2 年。

美国有超过 3300 所院校认可雅思成绩，包括所有常青藤盟校。部分美国名校和专业（如麻省理工学院）会在招生简章中明确表示"更倾向于雅思成绩"或"只接受雅思成绩"。

雅思考试获得了所有英国院校的认可，也是英国名校衡量申请者英语水平的重要参考指标。申请英国任何学校或是职业机构，参加雅思考试都是必要的。澳大利亚、新西兰、加拿大的所有院校也认可雅思成绩。

2019 年 1 月 15 日，中国教育部考试中心与英国文化教育协会联合发布中国英语能力等级量表与雅思的对接研究结果（雅思听力 5 分，即达到中国英语能力等级量表四级水平；总成绩 8 分，即达到八级水平），标志着雅思成为率先完成与中国英语能力等级量表对接的英语能力测评考试。

总之，孩子可以根据自己的实际情况早一点打好语言基础，为考托福或者雅思做好准备。

3. 申请美国大学需要考 SAT

SAT（Scholastic Assessment Test）的中文名称为学术能力评估测试，又被称为美国高考，是由美国大学理事会（College Board）主办的一项标准化的、以笔试形式进行的高中生学术能力水平考试，用于考查高中生的学术能力是否能够适应大学教育。其成绩是国际生申请美国高校入学资格和奖学金的重要参考指标之一。一般一年有几次考试机会，考生从高一到高三上半学期都可以多次参加考试，申请大学时提交最好的那次成绩。

SAT 包括 SAT I 和 SAT II。SAT I 主要考阅读、文法、数学、作文（选考）。考试总时长为 3 小时 50 分钟（230 分钟），其中阅读 65 分钟，文法 35 分钟，数学 80 分钟，作文 50 分钟。考试期间有三次休息机会。SAT I 总分值是 1600 分，阅读和文法分别为 400 分，数学为 800 分。作文包括阅读理解、文章分析、英语写作三部分，共 24 分。作文成绩是附加分，不计入总分，可以选考。SAT I 考试成绩或者具有同等效力的 ACT 考试（American College Test）成绩，在申请美国大部分大学时都是必须提供的。

SAT II 也称 SAT Subject Test，是美国大学录取应届高中毕业生时采用的学业水平考试。SAT II 考试全球采用统一试卷，其成绩在全球具有可比性，是衡量不同地区学生学业水平的重要参考。SAT I 是综合能力测试；SAT II 是一种专项水平测试，考查学生某一科目的学术水平。科目分为数学、科学、英语、历史、语言 5 个大类。其中数学类有数学 1 和数学 2，科学类有生物 E/M、化学、物理 3 门，英语类只有英语文学 1 门，历史类有美国历史和世界历史 2 门，语言类有西班牙语、法语、汉语、意大利语、德语、现代希伯来语、拉丁语、日语、朝鲜语等 12 门。以上加起来共计 20 门考试。如果想考进世界名校，最好能考 3 门左右的 SAT II。北美地区每年有 7 次考试，分别在 1 月、3 月、5 月、6 月、10 月、11 月、12 月每月的第一个周六；世界其他地区 3 月没有考试，其他 6 次考试时间与北美地区相同。

全美排名前 50 的大学中，有 14 所学校要求申请者必须提交 SAT II 的成绩，12 所学校推荐申请者提交，14 所学校表示以此作为参考标准之一，仅有 10 所排名稍微靠后的学校不要求提交

SAT Ⅱ的成绩，但是如果有这些成绩且成绩较好，就会更有竞争优势。

4. 申请工科院校可参加 ACT 考试

除了 SAT 之外，美国还有一种标化考试叫 ACT（美国大学入学考试，全称为 American College Testing），它与 SAT 一样是一种高中生学术能力综合评估测试，与 SAT 一样重要。申请工科院校的学生更多会选择考 ACT，申请综合性院校的学生更多会选择考 SAT。感兴趣的家长可以去搜索相关信息，这里不再详细介绍了。

5. 申请英国或英联邦国家大学可学习 A-Level 课程

A-Level（General Certificate of Education Advanced Level）的中文名称为普通教育高级证书，也是英国学生的大学入学考试课程，主要培养英国高中成绩优秀的学生进入世界顶尖大学，成绩中等的学生进入世界一流大学，成绩一般的学生考取适合自己的大学。所以，如果孩子想申请英国或者英联邦国家（加拿大、澳大利亚、新西兰、新加坡等）的大学，可以在高中时学习 A-Level课程，考取 A-Level 的证书。

6. 提前学习 AP 课程

AP 课程（Advanced Placement）的中文名称为美国大学预修课程，它是由美国大学理事会（The College Board）面向高中生开设的大学课程，共有 22 个门类、37 个学科，内容和难度与大一的基础课程大致相同，在全世界范围内（包括美国本土）均可授课。AP课程只在每年5月份举办一次考试，满分为5分，一般4分及以上可以在大学换取学分。

AP成绩不是申请大学必须提交的成绩（个别大学会要求学生必须有五门4分及以上的AP成绩），但是有这些成绩会提升孩子申请名校的竞争力。这些成绩到大学以后可以换取学分，孩子就可以少修一门相应的课程。

另外，IB（International Baccalaureate）课程，即国际预科证书课程也是一种比较热门的课程，有兴趣的家长可以和孩子去了解一下，此处不再详细介绍。

7. 参加各种活动，提升差异化竞争力

申请国外大学，除了要准备好学校成绩（GPA）、托福、SAT（或者ACT）这些成绩之外，还必须有过人的软实力作为支撑。这些软实力包括但不限于参与学术活动的经历、兴趣特长、社团经历、出版的作品、实习经历、志愿活动经历等。

（1）学术活动

高中三年，一定要有拿得出手的竞赛成绩，最好是国家级、世界级的比赛奖项，比如数学和物理国际大赛奖项、丘成桐中学科学奖、国际辩论大赛奖项、国际太空城市设计大赛奖项，这些是考查一个学生学术能力的重要参考指标。参加过大型比赛比没有参加过强。所以，孩子上高中以后，就要根据特长和未来的职

业方向，有针对性地参加一些大型比赛以提升孩子的学术背景。

（2）兴趣特长

大学不仅要求一个学生会学习，还要求他能够多才多艺。所以，申请大学时需要填写孩子的兴趣特长。这些特长可以是演奏乐器、绘画、运动、演讲辩论等领域，孩子擅长且取得了不错成绩，达到了一定级别。比如小提琴十级，游泳获得省级比赛大奖，参加过大型比赛等。孩子擅长的技能越多，竞争力就越强。

（3）社团经历

有没有组织或者参加了学校的社团，在社团做了哪些事情，要有详细的介绍。这些是反映一个孩子的领导力和团队精神的重要参考标准。因为大学要求孩子有很好的团队精神，能与同学一起合作完成各种任务，具有较强的领导力和团队精神是非常重要的。

（4）志愿者活动

在高中三年参加过哪些志愿者活动，或者做过哪些义工等经历也不可或缺。有些大学要求申请的学生提交一定时长的义工经历，这些是一个学生是否有服务社会的奉献精神的证明。兼职、做义工、一对一捐助、担任志愿者等都可以列在这一类别里。

除了这些之外，孩子参加的其他活动，只要能展示孩子的能力，体现孩子的领导力和团队精神，体现孩子的奉献精神的，都可以作为孩子软实力的一部分填入申请材料中。

第2章

明确高中学习要点

提升学习兴趣，让孩子爱上学习

现在这一代的孩子，不少从小生活在物质丰富的环境，对贫困没有体会，部分人不再像我们这一代人那样为了改变命运而读书，他们更在意内心的感受和是否能满足自己的现实需要。家长要懂得激发孩子内心的热情，让孩子找到学习的价值和意义，这样他们才会努力学习。否则，孩子很难用心读书。

我们从孩子小时候便帮助他们树立梦想，让他们知道人生的意义，所以，他们从小到大都是为自己的梦想而读书。比如我小儿子期望将来能成为改变世界的人，这种使命感促使他自我驱动，努力学习，他不需要我在后面催。

应该怎样唤起孩子的使命感，让孩子主动学习呢？

我的两个孩子性格不同，使用的方法也不同。但是，共同点是需要提升孩子对学习的兴趣，让孩子真正爱上学习。

|亲|测| 如何提升孩子的学习兴趣?

1. 让孩子认识到学习的价值和意义

记得我的小儿子上中学时，曾经有一段时间很郁闷。他曾问我每天学习的意义是什么。如果我告诉他，他学习是为了以后上一所好大学，将来找一份好工作，能够有能力养活自己，这种功利的回答是不能解答孩子的困惑的。我是这么说的："每一个人都是带着使命来到这个世界上的，都要给这个世界带来改变。如何给世界带来改变呢？需要努力学习，掌握本领。学习的目的就是不断提升自己的能力，让自己拥有改变世界的本领。你看到有一些人给社会做出的贡献很大，有一些人能给社会做出的贡献很小，这是因为他们各自在学习的阶段学到的知识和本领不同，因而自身能创造的价值也不同。你看，你悟性这么好，天分这么高，你将来是能为社会创造很大价值的。你现在如果努力学知识和本领，不断拓展能力的边界，将来就有足够的能力干你喜欢的事业，为社会创造价值，实现你的人生价值，成为受人尊敬的人。"我用这种正向激励让孩子认识到学习的价值和意义，也增加了他的社会责任感和自我使命感，知道努力学习才会不辱使命。家长要注重对孩子进行社会责任感和使命感的教育，让孩子用社会责任感和使命感驱动自己学习。

2. 激发孩子的学习热情和内驱力

无论做任何事情，有热情才会全力以赴。就像我的小儿子说的："干自己热爱的事情才会努力干好。"所以，想让孩子主动学习，父母要尽早培养孩子学习的热情，让孩子对某些学科感兴趣。在高一选学科的时候，就要根据孩子的特长指导孩子选择。因为只要选对了，孩子学自己喜欢的课程，就会有热情。热情会激发孩子的内驱力，促使其自主学习。

现在常有这样的情况：孩子不喜欢某一门课，就不爱学习这门课；不喜欢某一个老师，就排斥上这个老师的课，并不管这样做是否会影响考大学。家长要帮助孩子弄懂其中的利害关系，鼓励孩子用攻克难关的精神对待不喜欢的学科。如果孩子是因为遇到困难而不喜欢，可以找老师协助孩子查漏补缺，把孩子的成绩补上去。如果孩子是因为不喜欢老师而与老师赌气，就需要给孩子讲清楚利害关系，让孩子知道，任性而为会影响学习成绩，甚至导致考不上大学，与同学拉开差距，无法实现自己的人生价值，那时候后悔就没有用了。要让孩子知道学习是自己的任务、自己的责任，为了对自己负责，不要任性，主动学习。

3. 用肯定和赏识让孩子找到成就感

每一个孩子身上都有优势，家长要看到孩子的优势，多肯定孩子，赞赏孩子，被肯定和赞赏会让孩子找到成就感，内生出让自己变得更好的动力，不断努力提升自己的价值，收获更多的荣誉。这就是正向激励的效果，有时用肯定和赏识来激励孩子比用物质激励孩子更有用。

4. 帮助孩子扫清学习障碍

一些孩子不爱学习，是因为遇到了很多学习障碍，比如不懂学习方法，基础知识掌握得不牢，学习面临很大困难，这些因素让他知难而退。家长要根据孩子的情况，帮助孩子查缺补漏，扫清学习障碍，让学习不再难。这样，孩子就会对学习有信心，对学习产生兴趣。一个亲戚的孩子，因为从小基础没打好，对学习一直没有信心。她妈妈很着急，问我该怎么办。我说："先给孩子把基础补上来。当孩子基础知识扎实了，他的理解能力、融会贯通能力、知识应用能力就会提升，他对学习就会有信心。"经过一年的补课，那个孩子的基础补上来了，学习兴趣也产生了。

5. 不要做爱唠叨的家长

一些家长喜欢无意义地唠叨和否定孩子，但没有告诉孩子应该怎么做，这样易使孩子对自己失去信心，不再好好学习。我身边就有不少这样的案例。我们作为家长，要成为孩子学习的推动力，而不要成为孩子学习的阻力。对待高中的孩子，不能再信口开河。说话之前，一定要先思考，说出的话既要达到说的目的，又能让孩子接受，这样的话才有价值。千万不要做爱唠叨的家长。

让孩子在"学习区"里学习

不少家长感慨："为什么我的孩子不爱学习？有没有一种好方法可以帮助孩子走出学习困境？"

想解决这个问题，需要先透过孩子不爱学习的表象，去找找问题背后的原因。我们知道，很多问题都深藏于表象之下。孩子遇到学习困境，一定有深层次的原因。找到原因，才能帮孩子解决问题。

我们先学习一个"三区理论"。这个理论的核心思想是学生学习知识和技能时，一般处在"舒适区""学习区""恐慌区"三种感受区中，孩子在不同感受区中的感受不同，学习效果也不一样。

下图从内到外用三层圆形区域来表示这三种感受区：

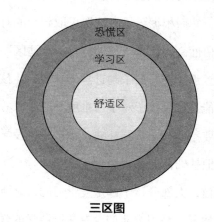

三区图

最内层的区域是"舒适区"，家长对孩子无要求，孩子在没有压力的状态下学习知识和技能，每天低水平勤奋。这样做的好处是孩子每天快快乐乐上学，心里没压力；坏处是孩子易缺乏自驱力和竞争意识，厌学，无法在备考的竞争中胜出。

最外层的区域是"恐慌区"。家长对孩子期望太高，要求孩子实现其能力无法实现的目标，孩子易因无法完成学习任务而产生很强的挫败感。同时，家长给的压力太大，孩子感到家长的期望与自己的能力不匹配，内心会很焦虑。

中间的区域是"学习区"。家长给予孩子正向激励，让孩子每天带着热情学习，孩子既不会感到厌烦，也不会感到恐慌，能从学习中收获成就感和满足感。

孩子在"舒适区"和"恐慌区"都容易产生厌学心理。当家长发现孩子不爱学习时，就要分析一下孩子是处于"舒适区"还是"恐慌区"，然后根据孩子的情况采取相应的对策。如果孩子学习能力强，悟性高，让孩子长期待在"舒适区"里，易使孩子失去学习动力。那就要帮孩子制订学习计划，让孩子多学习感兴趣的知识和技能。如果孩子对学习难度不适应，心理压力大，内心很恐慌，就要帮助孩子查漏补缺，给孩子传授学习方法，假以时日，帮孩子把基础补上来。

家长要相信，大部分孩子都是爱学习的，之所以一些孩子出现不爱学习的情况，是因为他们没有掌握科学的学习方法，没有在适合自己的"学习区"里学习，从而迷失了自己。用正确的方法帮助孩子，孩子就能够爱上学习，在学习中找到乐趣和成就感。

尊其师，才能信其道

我认识的一个高中女孩，因为不喜欢她的数学老师，就不喜欢上这个老师的课，结果造成数学成绩很差，影响了她的总成绩。她对考上大学失去信心，就想退学。她的妈妈很着急，就找我帮忙。

我与这个女孩进行了长谈，告诉她："与老师较劲是最傻的事情，因为你考不上大学，对老师没有影响，对你自己的影响可就大了。我知道你想高中毕业后去打工，将来自己创业。但是如果你没有考上大学，没有足够的知识储备，将来创业可能会受限。因为创业需要你去分析市场，创建团队，研发产品，制定销售策略，学习看财报等，这些都需要你有足够的知识和能力。没有知识、能力，你将来会不断遭受挫折。只有通过好好学习，考上大学，学到更多知识和本领，你创业才更容易成功。学习是一条光明的出路，如果你舍弃光明的出路，选择一条难走的路，你想象一下会怎么样？"

我继续对她说："你觉得老师不好，与老师较劲，其实是自己内心在较劲，仅仅是站在自己的角度看问题。这样就会带着主观性，你看到的不一定是事情的真相。正确的做法应该是换一种思维方式，站在对方的角度思考，有问题主动去解决，这样问题便会迎刃而解。如果你赌气不想上学，你就是对自己不负责任，把自己的出路给堵死，不要这样任性。尊其师才能信其道，你现在先放下对老师的成见，认真听老师的课，只要你心里不与老师较劲，你是可以从老师那里学到知识的。"我给她讲了很多例子，让她明白了自己这么固执、任性是错误的。最终，她决定好好学习，不再与老师较劲。她高考的成绩不错，顺利考上了大学。

　　我知道像她这样的孩子不少。因为不喜欢某位老师，他们就故意不听该老师的课，或者不认真听课，觉得这样是在惩罚老师。但高中阶段的孩子不能任性而为，因为高中与未来直接相连，与老师赌气是在惩罚他们自己，会造成终身遗憾。当家长发现孩子有这种倾向时，要及时干预，让孩子能够早一点改变想法。孩子在高中阶段的学习直接关系到未来的前程，所以，太任性是不理智的。

接纳老师并喜欢他的课程

1. 接受老师有不同的讲课风格

不同的老师性格不同，讲课方式也不同，不能要求所有的老师都是风趣幽默、讲课经验丰富的名师。有的老师比较严肃，有的老师比较幽默，他们的讲课方式各具特色，不能要求所有老师都符合孩子的期待，要告诉孩子老师有不同的讲课风格。

2. 适应老师的讲课方法

老师是经过层层把关筛选出来的，教好课是没有问题的，孩子要主动去与老师沟通，了解老师的教学方法，主动去适应老师的讲解方式，主动解决问题。

3. 尊其师才能信其道

每一位老师都会认真备课，花时间研究教学方法，用心培育孩子。所以，孩子应该尊敬老师，尊重老师的劳动。只有内心对老师尊敬，才能珍惜老师的劳动成果，用心听课，把老师讲的内容转化成自己的知识。

4. 培养对学科的兴趣

兴趣是学习的第一动力。每一门课，只要用心学习，都能发现其中的奇妙之处。有一些孩子不喜欢数学，认为数学枯燥无味，但是真正喜欢数学的人会发现，数学是一个奇妙的秘密花园，各种数据和公式里面隐藏了很多奥秘。沉浸在数学的世界里，能培养科学思维能力。语文也很有意思，每一个文字都有灵魂，当孩子认真学进去，就能发现文字的张力，爱上语文。当孩子真正喜欢某一门课以后，就不会因为不喜欢老师而不喜欢那门课了。

孩子不喜欢一些课程，常与偏科有关。而偏科是高考的大忌。所以，如果孩子偏科，最好的办法就是帮孩子补课，把基础补上来，这样孩子学习起来就会有自信心，也会对这门学科产生学习兴趣。

我从小学、初中到高中，都遇到了优秀的语文老师和数学老师。他们都有扎实的专业功底，课讲得清楚明白，讲课方式也生动有趣，这使我从小就喜欢语文课和数学课，并打下了坚实的语文基础和数学基础。虽然中间曾遇到课讲得不好的老师，但是因为喜欢那些课，我忽略了老师的影响，自己看书学习，把成绩搞好，这使我最终以优异成绩考上了大学。我的亲身经历说明了一点：老师的讲课水平对孩子是否喜欢一门课有影响，但是，如果孩子能够进行自我管理，主动学习，也可以规避不利影响，关键在于孩子自己。

养成十种习惯，提升学习效果

高中不仅拼学习能力、勤奋程度等方面，还拼学习习惯。教育家陈鹤琴先生认为："习惯养得好，终身受其益；习惯养不好，终身受其累。"良好的学习习惯可以提升学习效率，提高学习质量。一些高中生学习很努力，但是学习成绩不好，这与学习习惯不好有很大关系。有些高中生不仅学习好，还参加了很多活动，样样都搞得好，这也与其学习习惯好有很大关系。所以，让孩子养成良好的学习习惯，可以事半功倍。

我比较重视培养孩子的学习习惯。我认为孩子有了好的习惯，他自己就会做好自己的事情，不需要父母盯着。靠习惯管理比靠父母盯着效果好得多。

要培养孩子哪些学习习惯?

1. 课前预习的习惯

在课前把新课预习一下，就知道这节课讲什么，可以有针对性地听课，跟上老师的思路，抓住一堂课的要点。这样听课效率就高，效果就好。否则，易捡了芝麻丢了西瓜，抓不住要点，精力消耗了，但听课效率不高。

2. 上课认真听讲，向课堂要效益

向课堂要效益非常重要，上课时一定要专心听讲，紧跟老师的思路并积极思考，掌握老师讲的重点知识、典型例题、解题思路，遇到问题做好笔记，课后及时问老师解决问题。只要每一堂课都把老师讲的内容消化吸收好，课后再复习巩固，就能打好学习基础。

3. 弄清概念和解题方法

在课上一定要记住老师讲的解题方法，摸清解题思路，并学以致用。概念里面都藏着规律，找到规律就能一通百通。如果孩子不理解概念中藏着的规律，只是死记硬背，题型一变，就不会做题了。所以，孩子需要理解概念的含义，琢磨出其中的规律，这样就可以从多个角度解决问题。

4. 主动复习，融合新旧知识

高中课程内容多，要引导孩子学会主动复习，对学过的知识

进行梳理，整理出知识框架结构，标出重点、难点、做题思路、学习方法；要通过梳理和总结抓住重点，在新、旧知识之间建立起联系，使新旧知识形成体系。

5．多反思，主动发现问题并解决问题

做习题是巩固所学知识的一个有效途径，但孩子不要只是为了做题而做题，在做题时要多反思，反思这类题的解题思路和解题方法，解题要运用什么原理，这道题考查什么知识点，通过反思把正确的方法记在难题笔记上。做习题还是发现问题的一个主要途径，在解题过程中发现的问题要及时解决掉，还要把发现的问题记在难题笔记上，把解题思路写在旁边，这样便于以后复习。

6．善于联想，善于总结

高中的知识更加体系化，每一个知识点都不是孤立的，与前后知识都有联系。所以，告诉孩子学习时要善于联想，不要孤立地看待问题，要把问题放在知识体系里思考，找到普遍规律，这样就不怕出题方式变化。要引导孩子善于分析、概括、总结、整合，理清知识之间的联系，让孩子更全面、系统地把握所学知识。

7．掌握学习主动权

我记得小儿子有一次因为拖沓没有交期末的作业，造成期末总评成绩被拉低。事后，他心里很郁闷。我就给他说："当主动权在你手里时，你要主动抓住机会，及时去完成任务，主动解决问题。一旦你错过时机，就没有机会再弥补了，老师不会再给你

机会。这次是一个教训，你以后一定要记住，要自己掌握主动权。"他后来做任何事情，都会主动把事情做好，而不是拖到后面陷入被动。

优秀的孩子都有一个共同特点——不拖沓。这种良好的学习习惯能够让孩子占据主动。

8．自我管理

很多高中孩子日常会接触手机，手机里的游戏等诱惑让他们难以专心学习。要处理好学习与玩手机的关系，就需要孩子培养自律能力，学会自我管理。学校不让孩子把手机带进教室，家长要支持。当孩子习惯了身边没有手机的生活，就不容易再受手机的干扰。

9．注意劳逸结合

当大脑疲劳时，就不要搞疲劳战，要适当休息、放松，让大脑及时休息。劳逸结合能让大脑重新焕发活力。高中的学习是非常"烧脑"的，一定要保证每天睡眠充足。充足的睡眠能保证大脑得到充分休息，这样孩子才能恢复元气，好好学习。现在很多孩子喜欢熬夜，到了晚上不想睡觉，造成身体免疫力下降，精力不充沛，学习的劲头不足，直接影响学习效果。因而，家长要让孩子改变熬夜的习惯。

10．积极运动，保证身体健康

记得当年我上高中时，学生每天早上 6 点 10 分起床跑步，

10 点做课间操，下午放学后运动。每一天都能得到充分锻炼。那时候学习很忙，但是因为坚持锻炼身体，同学中很少有身体和心理出问题的人。现在的高中生比我们那时候的压力大，任务重，更需要多锻炼，以保证能有健康的身心来应对繁重的学习任务。

习惯是在学习和生活过程中经过反复练习养成的，需要孩子静下心来培养，不要浮躁。习惯一旦养成了，就会变成自觉的行为，这种自觉的行为会让孩子长期受益。

提升五大能力，让孩子赢在高一

　　高一是孩子高中阶段很重要的一年。高一的课程与初中课程比较，无论是知识量，还是知识难度都增加了很多。老师的教学方法也完全不同，不再是老师带着学生学，而是靠学生自己主动学。所以，指导孩子快速适应高中学习生活，掌握学习方法，提升学习能力，养成良好的学习习惯，可以缩短孩子的适应期，让孩子快速进步。高一培养的学习态度、学习习惯、学习能力对高中阶段影响很大。

　　一位从教多年的高中班主任认为，能考上好大学的孩子，一定有良好的学习态度、学习习惯、学习方法、学习能力，善于做规划和管理时间。孩子能否考上好大学受很多因素影响，但是帮孩子培养好这些基本的能力，孩子一般便能在高中长跑中胜出。

高中与小学、初中有什么区别?

　　小学阶段，决定孩子学习成绩的是学习习惯。只要上课认真听讲，认真完成作业，考前认真复习，一般都能取得高分。

初中阶段,学习态度变得非常关键。初中的孩子进入青春期,开始变得叛逆。如果孩子学习态度端正,努力学习,成绩就会比较好。

高中阶段,孩子的适应能力、自律能力、时间管理能力、自学能力和学习习惯都会影响孩子的学习成绩。如果孩子适应能力强,能够进行自我管理,善于管理好时间,善于自学,有良好的学习习惯,学习成绩就会不错。

所以,在高中一年级要重视培养孩子的这些能力。高一是打基础的关键一年,孩子的能力培养好了,今后的学习就会容易很多。

|亲|测| 提升孩子五大能力,让孩子赢在高一

1. 提升孩子的适应能力

高中的课程难度、知识总量、教师教学方法都与初中不同,

高中竞争也比初中更激烈，这些因素会导致一些孩子要花费较长的时间来适应高中学习生活。适应周期越长，孩子就会越被动，也会越不自信。所以，提升孩子的快速适应能力很重要。适应得越快，孩子就越能掌握主动权，能更早地把高中学习基础打好。

这需要孩子用积极的心态主动去适应，主动去掌握学习方法，提升自学能力，养成好的学习习惯。这些做法相辅相成。当孩子掌握了正确、高效的学习方法，提升了学习能力，养成了良好的学习习惯，就能更好地适应高中学习生活。

家长要多鼓励孩子，帮助孩子树立自信心，让孩子主动找老师咨询学习方法，主动与同学探讨学习方法，向高年级孩子借鉴学习方法，了解怎样学好高中课程，这些主动"取经"的做法可以缩短孩子的适应期。

2. 提升孩子的自律能力

到了高中，老师不再盯着孩子学习，需要靠孩子自觉去学习，这就需要孩子培养自律意识，提升自律能力，能够进行自我管理，自我驱动，自主安排好学习，遇到困难不放弃。

为此，孩子必须盯着学习目标，认真执行学习计划，用目标驱动自己不断努力，用计划管理自己的行为，不懒惰，不散漫，为自己负起责任，让每一天都有满满的收获。

3. 提升孩子的自学能力

到了高中，老师每天会讲授大量知识。把这些知识变成自己的知识，学以致用，需要孩子有较强的学习能力，不断进行探索性学习，总结出知识的内在规律，并熟练运用；需要孩子主动研究每一门功课应该怎样学好，掌握学习方法，提高弱科的学习成绩；需要孩子主动去查资料，研究问题，找到解题思路和解题方法，能够一题多解。

4. 提升孩子的时间管理能力

高中知识量大，难度高，需要全力以赴才能学好。这就需要孩子提升时间管理能力，制订时间管理清单，安排好自己的时间，减少时间浪费，提高学习效率。

时间管理清单

序号	管理事项	执行计划
1	把每天的事情排好序	每天优先做最重要的事情
2	安排每个时间段要做的事情	按照计划学习，不随意打乱计划
3	根据生物钟安排学习时间	在精力最好的时间学习最难的科目
4	利用好碎片化时间	用碎片化时间学习碎片化知识
5	今日事今日毕	留时间处理当日遗留任务，告别拖延、磨蹭、低效率

一位高中班主任说："我不鼓励学生每一分钟都在学习，但我要求学生利用好学习的每一分钟。"

学霸都是时间管理的高手。他们的学习目标明确，善于制订时间管理清单，并按照清单安排学习。当他们开始沉浸式学习时，注意力特别集中，能够非常高效地在计划的时间内学习，不会拖拖拉拉。

5. 养成良好的学习习惯

高中的学习难度比初中大很多，竞争更激烈，这就需要孩子养成良好的学习习惯，提升效率，提高学习质量和学习成绩，为高考做好准备。具体做法参照前面《养成十种习惯，提升学习效果》中讲过的内容。

我一直比较重视培养我的两个孩子的这些基础能力，他们也因此从中受益，高中的孩子尤其需要加强这些能力，以保证在激烈的竞争中能够脱颖而出。

所有学习成绩好的孩子都拥有好的能力和方法。帮助孩子养成良好的学习习惯，改进学习方法，提升学习能力，孩子才能够从普通变得优秀，不断实现自我超越。

六种方法帮孩子顺利度过高二

高二是高中阶段承上启下的一年。高二的孩子经过高一一年的适应过程，师生关系、同学关系已经建立起来了，学习上也有了一定的进步。然而，由于高二距离高考还比较远，是高中三年相对比较轻松的一年，一些孩子放松了学习，进入心理迷茫期。

但是，高二在高中阶段的重要性一点都不比高一和高三小。高二的课程内容约占高中阶段的一半，课程难度也比高一提升了，同时高二的课程更注重考查学生分析问题、解决问题、探究问题的能力。确保不掉队，跟上第一梯队，是保证孩子顺利考上大学的关键。我们家长要鼓励孩子瞄准目标，脚踏实地地前进，不能因为懈怠而丧失动力。

高二的孩子最容易出现哪些问题？

1. 与优秀的孩子拉开差距

经过高一过渡期，孩子们在学习方法、学习习惯、学习能力和对知识的掌握上都开始拉开差距。学习好的孩子由于学习方法得当，学习态度积极，学习习惯好，学习兴趣浓，不断从学习中总结成功经验，学习成绩一直保持得很好。

学习不好的孩子在摸索学习方法上遭受挫折，易对学习失去信心，学习兴趣不浓，学习动力不足，自卑，厌学，导致知识掌握得不牢。

2. 早恋

部分高二的孩子开始早恋。如果班里有孩子谈恋爱，就容易对没谈恋爱的孩子造成影响，使一些没谈恋爱的孩子也开始对谈恋爱产生好奇。高中的孩子仍很稚嫩，处理不了复杂的人际关系问题，谈恋爱的孩子经常会陷入烦恼之中，影响学习。所以，家长的引导至关重要。

3. 出现心理动荡

高二是高中三年相对轻松的一年。孩子已经适应了高中生活，但还没有体会到高考带来的紧迫感。他们会有闲心思考未来和人生。其中部分孩子会对即将到来的高考充满不确定感，对未来的出路感到迷茫，出现心理动荡。

如何帮助孩子顺利度过高二?

1. 多肯定和鼓励孩子

给孩子传递正能量，让孩子能够脚踏实地地搞好学习。高二继续打好基础，高三就不会有那么大的压力了。

2. 帮孩子扫清学习障碍

如果孩子某些课程知识薄弱，就要在高二时指导孩子查漏补缺，帮孩子扫清学习障碍。孩子基础好了，学习新知识就会容易，心情也会轻松愉快。

3. 鼓励孩子记听课笔记和错题笔记

记听课笔记是高中孩子必须掌握的一项学习技能。把课堂上的重点、难点和老师讲的学习方法、解题思路记下来，课后及时复习，从而提高学习效率。好记性不如烂笔头，优秀的学生都善于记笔记。

错题本是孩子提升学习成绩的必备"武器"！把错题写在错题本上，仔细研究，把错题弄懂；把解题方法和正确的解题步骤记下来，过一段时间复习错题笔记，可以提升学习效率。

一些孩子比较懒，不愿意记错题笔记，不善于总结经验，这样易造成在同类问题上一再犯错误。家长要鼓励孩子通过记错题笔记来提升学习效率。

4. 培养孩子的特长

如果孩子在某些方面有特长，高二时还要继续坚持培养。高中学习固然很重要，但是培养一些特长也很重要。我孩子在高中时仍然继续培养特长。大儿子一直到高中毕业时仍在学习拉小提琴、打冰球，小儿子高中三年一直在辩论队参加各种辩论赛。

5. 提升孩子的学习能力

学习能力是一个孩子的基本能力，也是孩子的必备能力。高二要注重提升孩子的学习能力，让孩子掌握学习方法和技巧，为高三学习做好准备。提升学习能力主要从掌握学习方法入手。每门课如何学，如何记，让孩子多请教老师、同学和高年级优秀孩子。多给孩子买一些讲解学习方法的书，帮助孩子找到适合自己的学习方法。方法对了，孩子的学习能力和学习效率就能得到提升。

6. 培养孩子的意志力

高二的孩子更需要在迷茫时期坚持学习，不改初心，用意志力打败各种消极想法，踏踏实实打牢基础。高二的孩子一旦内心动摇了，不好好学习了，就会很快掉队，跟不上同学们的学习节奏。所以，松劲、懒散都是高中生的"敌人"，要多给孩子鼓劲，让孩子一鼓作气，好好努力。多肯定和激励孩子能让孩子一直坚持到高考。孩子有时遇到问题就想打退堂鼓，我们家长一定要多做鼓励工作，让孩子坚持到底。

做好这七点，陪孩子顺利走过高三

高考对孩子影响深远，所有家长都期望孩子能够在高考中一举成功。但是相当多的家长不知道如何陪孩子度过高三。

我的一位大学同学与我聊天时说，懂得如何陪伴孩子顺利度过高三太重要了。他知道很多家长不懂如何陪伴孩子度过高三，眼看着孩子的成绩波动，自己却不知如何办才好。要想陪伴孩子顺利度过高三，需要了解高三学生的特点和面临的问题。

高三学生的特点和面临的问题

高三学生一般在十八岁上下，思想趋于成熟，对自己的前途和人生有了更多思考，对考上大学、有一个好的前程有了更多期待。随着高考临近，孩子的心理压力和情绪波动也越来越大，紧张、焦虑成为困扰孩子的突出问题。当摸底成绩不理想时，孩子易产生巨大压力，担心高考考不出理想成绩。

同时，孩子对报考大学、填报志愿、选学校、选专业及未来要从事的职业都有很多困惑。这些困惑和压力会使高三的孩子心理负担更重。如果家长再额外给孩子施加压力，很容易让孩子情绪失控。作为家长，要充分理解孩子的心情，不给孩子添堵，不和孩子较劲，给孩子创造一个轻松的家庭氛围，让孩子能够在家里纾解压力。家长还应多肯定孩子，多激励孩子，给孩子做好生活保障工作，做好信息收集工作，减轻孩子的心理压力，让孩子没有后顾之忧，积极备考。

|亲|测| 家长如何做，才能陪孩子顺利度过高三？

1. 家长要调整好心态，控制好情绪

家长不要自己紧张，就不停在孩子面前唠叨，把紧张情绪传递给孩子，让孩子变得焦虑、紧张。想让孩子以轻松的状态备考，家长自己就要放下焦虑，营造一个温馨、轻松的家庭氛围，让孩子在家里保持身心放松。家长在家里要说一些轻松的话题，少谈

高考，不过度关心。

家长要保持平常心、同理心。尊重孩子的复习方式，尊重孩子的应对策略，不过多干预孩子。

家长要学会管理自己的情绪，用平和的心情开导孩子，纾解孩子的压力和烦恼，让孩子能够以轻松的心态应对学习。

2. 家长要适当降低期望值

在高三，家长要适当降低期望值，不焦虑，不给孩子施加过大的压力。因为孩子本身就在给自己施压，家长再给孩子施加压力，容易让孩子紧张、郁闷。让孩子按照自己的节奏学习就好。有很多高三孩子的家长期望值太高，不停给孩子施加压力，让孩子产生逆反心理，采用逃避的做法来应对学习和即将到来的高考，最后"兵败滑铁卢"。

如果孩子在考试中没有考好，我们可以告诉孩子："我相信你下次会考好。"高三的孩子最需要家长的肯定和鼓励。不要拿孩子和班上最优秀的孩子作比较，也不要拿自己的孩子和亲戚朋友的孩子作比较。

家长要学会接受孩子的现实表现，用鼓励和肯定激发孩子的自信，抛弃任何怒其不争、责怪埋怨等不良的沟通方式，这样才有利于孩子奋发向上。

3. 与孩子沟通时切忌唠叨

家长要多给孩子鼓励，告诉孩子，只要尽心尽力就好，不用担心太多。家长是孩子坚强的后盾，随时可以为孩子提供帮助，让孩子没有后顾之忧。家长说出的话要有正面效果，对孩子能起到积极作用，而不是消极作用。温柔而坚定的话语可以给孩子提供温暖和精神力量。

4. 多给孩子积极的心理暗示

家长对孩子的评价会直接影响孩子对自己的认知。有一些家长只关注孩子的缺点，对孩子的缺点不断进行评价，这样会给孩子消极的心理暗示，让他感到自己很差，进而失去了自信心，不再热爱学习。

我们应该做智慧的家长，给孩子积极的心理暗示，多夸奖孩子的努力和进步，让孩子保持良好的心理状态，这样孩子能够愉快地学习，好心态自然会产生好效果。

5. 高考前，把自主权交给孩子

高考复习是一种自主性很强的复习，要相信孩子能根据自己的情况有针对性地复习。有经验的老师会适当减少对孩子们的学习要求，让孩子们自主安排学习。家长也不要对孩子指手画脚。

6. 全力做好后勤保障

高三冲刺是一场持久战，保证孩子的身体健康很重要。不管工作有多忙，家长都要把孩子的事放在心上，为孩子做好后勤保障工作，保证孩子营养充足、身体健康。

家长要与老师保持沟通，了解孩子在学校的情况，发现问题及时与老师协商解决，家校配合给孩子提供支持，让孩子不因为一些学习以外的事情而耽误高考和升学。

我记得小儿子高三时，他的英语作业是要计入期末成绩的，但是第一学期末，他的作业没有完成。眼看只剩两天就到截止日期了，他因为忙着准备考试没有时间，打算放弃完成作业。我知道后，就赶紧给老师发邮件，解释他的情况，为他争取时间，同时给他分析利害关系，督促他一定完成作业。他终于在截止日期前完成了作业。孩子有时候考虑问题不周全，会随意做出一些决定。但是如果这些决定会对孩子造成负面影响，我们家长一定要及时指出，给他建议，帮助他补救。

7. 做好信息收集，为孩子选择大学做好准备

高三一整年是各类招生信息陆续发布期，孩子正在进行紧张的复习，没有时间关注招生信息。关于目标大学和相关专业的各种信息需要提前收集整理，这项重任需要家长来承担。家长把工作做得越扎实，孩子越没有后顾之忧。与招生、目标大学和专业相关的信息如下。

（1）招生相关信息

所在高中上一年高考的信息，高招录取的批次，各种成绩及自主招生加分情况，提档线，招生章程、招生录取流程、录取规则，志愿填报等信息。

（2）目标大学和专业的信息

了解与孩子实力相匹配的大学和专业的基本信息、孩子未来深造的前景、未来的职业方向、相关专业主要学习哪些方面的知识。帮助孩子了解目标学校的定位、目标专业的定位、学校和专业的要求。

如果孩子在准备留学，那家长就要做更多的信息搜集工作。

总之，家长提前准备得越充分，孩子填报志愿失手的可能性就越小，就更有可能进到理想的大学。

家长做好了上面七点，就可以陪孩子顺利度过高三，顺利走过高考。

第 3 章

掌握好方法，
收获好效果

"四步学习法"让孩子掌握主动权

高中的孩子最需要的是自觉性、主动性。孩子如果能充分利用自己的时间，该玩的时候痛快地玩，该学习的时候专心学习，在单位时间里便能学习到更多的内容。以下介绍的"四步学习法"能助力孩子掌握学习主动权，有效提升成绩。

什么是"四步学习法"？

积极主动学习才能提升学习效率，具体就是要做好以下四步：上课之前先预习，提前熟悉上课内容；上课时专心听讲，积极思考，积极参与课堂讨论，有疑难问题随时提问；课后趁热打铁，及时复习，赶在遗忘之前加深记忆；积极思考解题方法，认真完成当天作业。"四步学习法"环环相扣，彼此之间形成一个完整的学习体系，各个步骤都非常重要，需要孩子在每一步都下足功夫。

如何按"四步学习法"学习呢?

1. 上课之前先预习,带着问题听课

上课之前提前熟悉课本内容,通过预习把重点和难理解之处标注出来,听课时围绕重点听,更容易掌握住知识点。我身边的一位名校学生分享他的高中学习经验如下。(我会在每一步学习法下面分享他的学习经验)

如果在课前认真做了预习,发现了疑点,提出了问题,你已经做好了听课的一些准备,在上课的时候,你就会发现自己的注意力特别集中。因为自己是带着问题来上课的,你是来向老师提问的,是有意要听老师怎么讲这个问题的。带着问题上课,就能提前进入状态,这样的学习状态就是非常好的状态。由于注意力非常集中,上课所讲的知识都能掌握,你会产生学习的成就感,这种成就感能转化为独立自主学习的内在动力。因此,无论时间紧不紧,都要抽出一定的时间预习。预习可避免无效的努力,还能提升学习效率。

学习被动往往是由于上课听不懂,而上课听不懂的原因之一是课前不预习。因为学习中缺少预习这一基础环节,会影响上课这一中心环节的质量。上课效果差,又影响复习、做作业等环节,使学习陷入被动局面。

　　课前预习的主要任务是初步理解下一堂课要学的基础知识；复习、巩固与新内容相关联的旧知识；归纳新知识的重点，找出自己不理解的知识点。经过课前预习，孩子对老师上课所讲的内容和板书所写的内容，哪些是教材上有的，哪些是老师补充的，就会一清二楚。然后在记笔记时，重点记教材上没有的和老师反复提示的关键问题，把更多的时间和精力用于听讲和思考问题上。

　　2.认真听讲，抓住学习中心环节

　　每个老师授课都有自己独特的思路，在听课时，如果能够紧跟老师的思路，就能取得良好的学习效果。前面那位名校学生分享听课经验如下：

　　以前，我听课遇到不懂之处，总是急于立刻弄懂。但是，当我还在继续思索这个没弄懂的问题时，老师却按教学进度继续往下讲了。因此下面的内容我没有听进去，只得下课后自己去理解。这样常常事倍功半，甚至劳而无功。后来，我改变做法，听课遇到疑难时，就在书上做个记号，继续听课。有些问题会在听课过程中茅塞顿开；如果仍未弄懂，就课后思考；课后钻研仍无法解决，再和同学讨论或请教老师，直到弄懂为止。总之，上课要紧跟老师的思路，不能只顾自己思考问题而不听课，要避免陷入顾此失彼的被动局面。

上课时如何紧跟老师的思路？老师在课堂上提出的问题都是学习中的关键问题，若能抓住老师提出的问题并进行深入思考，就可以紧跟老师的思路。老师的教学过程中经常有一些提示用语，如"请注意""我再重复一遍""这个问题的关键是"等，这些用语往往体现了老师的思路，可以根据这些提示理解老师的思路。老师在课堂上讲解某一结论时，一般有一个推导过程，如数学问题的来龙去脉、物理概念的抽象归纳等。感悟和理解推导过程有助于提高分析问题和运用知识的能力。只有在听课时与老师合拍，听课才会有效果。

课堂学习要认真听讲，跟着老师的思路走，边听边思考，汲取一堂课的精华。要集中注意力，积极思考，充分理解所学知识，只有理解了的知识才能变成自己的知识。

3. 课后及时复习，提升记忆效率

孩子应趁着刚上完课，大脑记忆清晰，花几分钟时间复习巩

固。大脑的遗忘过程是有规律的，学过的知识不及时复习，很容易遗忘。课后趁热打铁复习一下，胜过半月后一天的复习。前面那位名校学生分享复习经验如下：

我每次课后会用一点时间将课上内容回忆一遍，这对消化课堂知识非常重要。45分钟一个课时，随后休息10分钟，这给我们课后及时回忆所学内容提供了时间。但是，大多数同学都不重视甚至忽视了这个环节。其实，每次课后只要用2分钟将所学内容回忆一遍，就可以及时了解自己对课程内容的掌握程度。回忆不出的可及时翻书或问老师和同学，这样能巩固所学内容。这2分钟被称为"黄金2分钟"，利用起来对提高单科学习效率非常有用。回忆时，主要回顾这节课的主要内容是什么，老师的讲课过程（开头是怎样引入的，中间是怎样分析的，最后是如何总结归纳的），弄清来龙去脉。在厘清老师思路的基础上，想清楚老师用了哪些思维方式。最后，把这些知识点融入自己的知识结构中。

复习时，要根据每一科的特色，选择不同的复习方法。语文重在读写，要不断提升阅读理解能力；外语要积极运用，难背的单词放到文章里去感悟，多运用就不容易忘记；数学要多总结方法，寻找规律，千万不要搞题海战术；物理是一门很有魅力的学科，要多记忆物理原理和规律，带着兴趣去复习；化学方面，记忆加归纳就是秘诀。

4. 勤学多练，提升解题能力

上课学习的知识都要在做题时进行检验，以确定有没有理解，有没有记住，能否应用。所以，做题是检验孩子学习效果的有效方式。前面那位名校生分享做题经验如下：

通过做一定数目的基础题，熟悉定义、定理、公式，掌握解题的基本方法和技巧，才能做好难题。在做题的过程中，要学会从错题中总结经验和规律。最根本的一点是弄清楚自己是怎么错的。是知识点不熟悉，还是不会运用，抑或是粗心大意？这些不同的情况对应不同的学习方案。如果看不懂解析，就说明这个知识点自己没掌握，需要补课。如果看了解析之后恍然大悟："我怎么没想起来呢？"说明你对知识点不熟悉，不会运用，需要多做这方面的题。如果你看了解析之后感觉："我就是这么想的，为什么做错了呢？"说明你把它跟其他知识点弄混了，需要把易混知识点放到一起比较一下，找出不同，彻底搞明白。

孩子要养成一个好习惯：在做题时，一旦发现错误，首先要做的第一步就是分析出错的原因。根据出错的原因，进行滚动式练习，直到孩子完全掌握这种习题的出题方式和答题的方法。

只要孩子能运用"四步学习法"主动学习，就能掌握学习主动权，学习成绩自然就会不错。

主动寻找解题思路

我有一次到堂哥家里去，进门没有说上两句话，嫂子就拉着我说："你来得正好，帮你侄女看看数学题怎么做。"我看到侄女正在发愁，问她遇到了什么问题，她说："这个题我们老师上课时讲了，我都听懂了，觉得也很简单，可是我还是不会做。"我说："你没有找到这道题的解题思路对吧？"她说："对，我不知道怎样往下做。"我说："这样，你先回顾一下老师上课时是怎样分析的，回想一下老师的解题思路，然后你想一下老师为什么要这样想，这道题里藏着的规律是什么。找到这个规律，你就有解题思路了。"我陪着她一起分析，最后她知道了怎么思考，弄清了解这道题的方法。我说："以后上课时，跟着老师的思路思考，主动参与到老师的分析推理中，能更好地掌握解题方法。"

孩子经常会出现这种情况，老师上课时分析的每一步都听懂了，觉得讲的题也很简单，可是自己再做类似的习题时还是不会。

出现这种情况，一般是因为孩子只记住了老师的解题过程，而没有真正理解解题思路。我建议孩子以后上课时，不仅要留心老师的解题过程，还要观察老师是如何分析这道题的，弄清楚老师的解题思路和思维方法是什么。下面以解数学题为例简要介绍一下解题方法。

数学主要考察学生的分析问题能力、逻辑思维能力和推理能力，要求学生能够在数学的逻辑里进行推演。公式里藏着内在规律，用心摸清规律，理清各种数值之间的关系，这样学生就不会因为题型改变而找不到解题思路了。学生在一时想不到解题思路时，先回忆老师的解题思路，尝试按照这个思路解题。当自己理清了解题思路以后，就会做同类型的其他题。

一些孩子不太善于寻找解题方法，遇到难题不知如何是好。其实，只要静下心回顾一下老师的解题思路，把原理弄明白，就完全可以通过独立思考解开难题。老师上课一般会讲一些做题的通用方法，学生要理解透这些解题通法，这样不管题目如何变化，都可以做到举一反三。

我的两个孩子数学成绩都很好，他们的学习经验如下：

主动求解一道题比被动接受十道题要有效得多。具体地说，不要把做出一道具体的题作为目标，而是要弄懂这道题的解题思路、思维方法、分析过程，这样就能够通过做一道题掌握一类题的解题思路和解题方法。所以，按照数学的逻辑学数学，用心思考，掌握数学规律，就能一通百通。

|孩|子|亲|测| 如何寻找数学题解题思路？

1．学会认真审题

做数学题首先要学会审题，它是解题的初始环节。先分析问题的已知条件，将已知条件和所求项列出来，引入恰当的符号，使问题成立。

2．找准解题思路

找思路是解题过程中最"烧脑"、最需要创造性思维的环节。

首先要看这道题考查的是哪些知识点，然后找出相关的定理及公式，结合已知条件，寻找解题思路。

3. 找到解题突破口

我们要从题目的叙述中寻找那些熟悉的知识点作为突破口，进入解题环节。遇到困难时，积极思考，从不同方向寻找解题方法，掌握解题的主动权。

4. 复盘解题规律

学数学最重要的是要善于总结规律，而不只是做题。当题目解开以后，需要进行一次复盘，总结出规律，从而提升自己的思维水平。

5. 要学会记难题笔记和错题笔记

难题和错题正是自己知识的薄弱之处、容易丢分的地方。记难题笔记和错题笔记，把正确的答案和解题方法记下来，过后多复习，可以轻松应对同类题。

想学好数学，一定不要依赖答案

一些高中生学习数学有障碍的原因，是缺乏数学思维。一部分学生受过去学习数学的思维方式和学习方式的影响，遇到难题就看答案，自己不深入思考，欠缺解答数学问题的思维，对数学原理缺乏深刻理解。想学好数学，可尝试使用如下方法：

1. 上课时要紧跟老师的解题思路，弄明白应该怎样思考；

2. 要掌握基本原理，只有弄懂了原理，才能学以致用；

3. 要学会审题，弄明白题中给出的条件的作用，以及这道题想考查什么知识点；

4. 要善于独立思考，按照老师的解题思路一步步往下解题；

5. 解出答案后，要及时总结规律，再遇到类似题型时能够很快找到解题思路。

掌握解题方法，提升学习效率

有一些孩子不擅长学数学，觉得数学好难，听不懂，学不会；或者听懂了，但是不会做题，感觉数学就像天书。

其实，数学里藏着规律，各种公式定律就是数学的内在规律。老师上课通过讲解例题介绍这些规律和解题方法，就是在把学好数学的方法告诉孩子们。上课时认真听，跟上老师的解题思路，用心理解，学好数学其实不难。

掌握解题方法是学好数学的重要一步。孩子上课的时候，要紧跟老师的解题思路，留心老师教的解题方法，课后按照这些解题方法做练习题。数学考查孩子的逻辑思维，解题的每一步都藏着规律，按照数学的逻辑思考，就能找到解题的方法。

优秀的数学老师为了让学生明白数学原理，会把知识点"掰开了、揉碎了"，通过举例、分析、推理，从各个角度进行讲解，力图把数学原理、解题思路和方法以最简单的方式告诉大家。孩子只要用心听老师讲解，把解题思路和解题方法记录下来，课后运用它来做习题，就能快速掌握数学原理。

学好数学有哪些方法?

1. 培养数学思维方法

常用的数学思维方法包括：有序思考、规律思考、正向思考、逆向思考、整体思考、分组思考、逻辑思考、发散思考等。有序是数学的核心，是数学思考的框架，在这个基础上思考，能找到数学里藏着的规律，能解开很多问题。我们在思考问题时，一般采用正向思考，一步一步往下想。有些比较复杂的题，进行逆向思考更容易找到答案。有些题型，我们要从整体思考，有些题型需要分组思考。做不同的题，有时须用不同的思维方法。我们上课要认真听讲，掌握各种思维方法。

2. 多进行逻辑思维训练

逻辑是数学的本质，想学好数学，平时就要多做一些逻辑思维训练，培养逻辑感。头脑中有清晰的逻辑，不仅有助于把数学学好，还能提升分析问题、解决问题的能力，对写好作文等都有很大帮助。

3. 找准解题思路和方法

数学习题里藏着规律。提醒孩子，当我们拿到一道题之后，要仔细分析，找出其中的规律。发现了规律，解题就相对容易了。掌握了规律，无论题型如何变化都难不倒孩子。

多反思，在实践中找方法

经常听到一些孩子说："我上课听懂了，但是做题的时候就没有了思路。"这是因为孩子上课的时候是被动接受，没有主动思考，没有弄清楚其中的原理。虽然听懂了，但是不会运用。提醒孩子做题的时候，要学会主动反思，思考自己为什么卡住了，老师是怎么解决的，对解题的各个环节进行深入分析和总结，积累经验，找出解题规律。

总结和反思比做题本身更重要。孩子要经常问问自己：这个解题方法是否正确？是否还有更好的方法呢？通过不断反思并积累经验，再遇见难题的时候，孩子就会运用自己的智慧，使用这些经验去解题。

用数学思维学数学

要告诉孩子：学数学时，要调整思维方式，进入数学的思维场景里，按照数学的思维方式思考问题。学数学，要善于思考，大脑里要随时问为什么，随时提出问题，然后围绕问题思考。要善于找出数学中的规律，这些规律是解开数学题的密码。不懂规律时，自己就像被困在迷宫里；当找到规律，就像拿到了迷宫的路线图，一切问题都迎刃而解。最终，孩子会发现原来数学这么有趣，数学这么简单。

仔细认真，确保每一步都做正确

成绩对于高中生来说非常重要，特别是高考成绩，每一分都很有价值。要想考出好成绩，就要在学习的每一个环节都下足功夫。而认真审题，确保每一步都做正确，是防止考试丢分的重要措施。

一些孩子平时比较马虎，不看清题目就开始做题，结果做错了。还有一些孩子做题过程中出差错了，造成结果也是错的。如果因为粗心大意造成丢分，特别可惜。高考时，如果因为马虎大意把一道题做错了，可能就把进入重点院校的机会弄丢了。所以，在日常学习中，认真审题，确保每一步都做正确，就特别重要。

大儿子曾说："做题的每一步都要认真思考，一步都不要做错。如果一开始思路错了，或者做题过程中有一步做错了，结果就是错的。出错会造成时间浪费，也会影响考试成绩，所以不出错很重要。"

孩子平时做题的时候，就要养成细心的习惯，每一道题都要认真审。如果是信息给予题，就一定要看清楚题干中的每一个信息，抓住关键信息，不要被无用的信息迷惑，掉入"陷阱"中。

如果是似曾相识的题目，不要想当然地去套用曾经做过的题的方法，一定要看清楚里面的关键信息。在做题的过程中，每一步都要做正确，不要等到检查的时候发现错误而重来。养成细心的好习惯能减少出错率，节省做题时间，提升学习成绩。

做题出错的原因和应对方法有哪些?

1. 审题粗心大意

没看清题意就开始做题，结果做错。等做到最后才发现错了，只能一步步地检查并改正，然而时间已经流逝。所以，认真审题比做完后再改正更好。

2. 做题时不细心

有些孩子做题过程中丢三落四，比如少写一个数字，或者漏掉小数点，导致结果出错。如果在考试过程中出现这种错误，检查时一般非常费力，极有可能发现不了错误，特别遗憾。所以，一定要细心并减少出错率。

3. 理解能力弱，对题干理解不透

平时阅读理解做得不够，对于复杂的信息给予题，如果不能抓住关键信息，易出现理解偏差，无法领会题意。平时要通过大量阅读提升对题意的把握能力，学会抓关键信息和题意。

4. 不会提炼信息，信息整合能力差

出错的原因还包括不能准确提炼、整合试题中的重要信息，

不能将题目中的文字、数字、图示等信息与书本知识点联系起来，不会区分一道题中有用和无用的信息。

对此，孩子平时要多做信息给予题，学会抓住关键信息，识别迷惑条件，挖掘隐藏信息，简化已知信息，多想多练，提升自己的解题能力。

5. 不会学以致用，知识迁移能力差

一些孩子平时靠死记硬背来记住所学知识，一旦试题信息变化，就不知道怎么做题了，这实际上是不能灵活应用所学知识的表现，是一些孩子成绩上不来的主要原因。要让孩子平时学习时多思考，理解清楚概念和原理，通过典型例题去琢磨解题的思路，弄懂为什么要这样做。这样，一旦弄懂了，孩子就能一通百通。弄懂一道典型例题比多做很多题都更有价值。

|孩|子|亲|测| 如何确保每一步都做正确？

1. 认真审题，看清楚题干再做题

平时做题时，就要养成认真审题的习惯。题干中的每一个字都有用处，要把每一个字看清楚，理解后再做题。有一些信息给予题故意给出一些无用信息迷惑孩子，对此，孩子要学会识别题中的陷阱，学会抓住关键信息，不被无用信息迷惑。这样可以确保审题不出错。

2．先理清思路再做题

做题之前，脑子里先有一个通盘思考，把思路理清楚再动笔。如果没想好就动笔，而思路又是错的，会做得越多错得越多。

3．每一步都要经过思考

每一步做完，往下一步做时，先思考清楚，确认无误再做。同时，要仔细认真，防止笔误，如写错数字、单位等。

4．边做边检查

养成边做边检查的习惯，及时发现笔误以及计算错误，早做更正。这样可以防止做完了才发现错误而再来更正，浪费时间。

如果平时做题就粗心大意，放任自己出错，自己考试时就不会那么细心，出错率就会高。

不少孩子做题时为了赶速度，不细心审题，也不认真把每一步都做正确，结果出错率很高，最后再重新做，必然会浪费很多时间。而且一旦养成粗心的习惯，改变起来就很难。就像走路，你走错了路，再回头纠正就会耽误很多时间。最好的办法就是一开始就做正确，既保证质量，又节省时间。坚持每一步都做正确的做题习惯，在考试的时候就能减少出错率，提升学习成绩。

扫清学习障碍，提升学习信心

我认识一个女孩，高一时基础没打好，到上高二时，觉得越学越难，就不想继续上了。这可把她妈妈急坏了，再有一年多就要考大学了，考不上以后可怎么办？她妈妈来问我，我说："孩子遇到的困难越来越多，应对不了时，就易放弃。现在要做的，就是帮助孩子解决困难。"我让她叮嘱孩子，多求教老师把弱科先补起来。经过几个月的努力，孩子的基础明显提升了，老师讲的课都能听懂了，考试成绩也上来了，这给了母女俩很大信心。到高二结束时，这个孩子的成绩已经跻身年级中上行列。高三时，家长继续鼓励孩子向老师和同学求教，孩子的基础打牢了，心里更自信了，学习热情也更加高涨了。后来，她考上了一所不错的大学。

当孩子遇到学习障碍时，家长要出手帮助孩子扫清障碍，让他重拾信心。特别是在高中时期，如果孩子遇到学习障碍，听不懂课，学习成绩很容易下降。这会给孩子造成很大压力，越急越赶不上来。高一暑假期间，我有一个闺蜜带儿子出国玩了一趟，孩子整个假期基本没有开展复习和预习。新学期的第一次考试，她儿子成绩落后，赶不上别的孩子，心理压力很大，变得缺乏自信心。于是，她和身为老师的孩子爸爸专门花了很多时间指导孩子查缺补漏，掌握高效学习法，帮助孩子重拾自信。好在孩子刻苦学习，最后考上了一所好大学。这些例子说明了一点：孩子遇到学习障碍时，家长要及时出手，帮助孩子扫清障碍，否则，就会影响孩子学习，影响孩子的自信心。

高中生常见的学习障碍主要有哪些?

1. 基础没打好，解决问题的能力弱

高中的知识点纵横交错，新旧知识高度融合，难度系数提高了。有些孩子没能把一些知识学扎实，出现偏科现象，导致学科

知识掌握得不牢固，知识体系构建得不健全，不具备解决某些问题所需的能力。改变这种状况，需要孩子平时要注意对所学知识进行梳理，细化到每一个小知识点，不留"死角"。

2. 知识面狭窄，理解能力差

一些孩子由于从小阅读量少，知识面狭窄，理解能力弱，审题时对题干理解不透，不能抓住题意，考试成绩自然就不好。所以平时阅读时要边阅读、边思考、边记笔记，要加强对阅读内容的理解，通过大量练习提升对题意的把握能力，学会抓关键词和主题思想。

3. 不会提炼信息，分析整合能力差

解题的关键是处理信息。通过审题获取有效信息，明确试题的考查意图，把题目中的相关信息与学科知识联系起来，然后理清解题思路，把答案落实在试卷上。一些孩子不能准确提炼、整合重要信息，不能将命题中的文字、数字、图示等信息通过大脑转化并与书本知识点相衔接，不会区分一道题中的有用信息和无用信息。

出现这些情况的原因是孩子分析信息的能力差，不会审题。一般来说，高考题目所给的信息较多，容易造成读到题干的后半部分就忘记前半部分的内容，如果不善于抓住关键信息，很容易被无用的信息迷惑，曲解题意。所以，孩子平时要多做信息给予题，明确关键信息，舍弃迷惑信息，挖掘隐藏信息，简化已知信息的方法来读题，有针对性地多练，提升提炼信息、整合信息的能力。

4. 死记硬背，知识迁移能力差

有的孩子概念、原理记了一大堆，就是不会运用，知识迁移能力差。因而，孩子平时学习时要多思考，从一道一道普通习题中总结思路，剖析它们所涉及的概念、原理，不仅要知其然，还要知其所以然，再改变习题条件，举一反三。理解了的知识，才能纳入到认知结构中，才能随时提取运用。

5. 思维定式导致解题错误

有时，孩子看到似曾相识的习题，不会具体问题具体分析，就以偏概全，盲目套用，造成失误。遇到这类问题一定要逐字逐句分析，不要麻痹大意。许多"熟题"都是出题者结合教材中的相关知识，把孩子平时做过的试题稍作改动后变化而来的，目的在于检验孩子是否具备具体问题具体分析的能力。平时要克服思维定式，每一道题都要仔细审，因题施策。

有些考题虽然模拟了现实场景，但无论场景怎么变，都可以从课本上找到其知识依据。这就是题在书外，理在书中。只要平时注意掌握和应用所学知识，就能够从容应对。

|亲|测| 如何帮孩子扫清学习障碍？

1. 帮助孩子找到有效的学习方法

所有的知识，无论什么学科的知识，都需要用一定的方法去学习。不掌握有效的学习方法，学习效果自然不好。家长可以给孩子买一些讲学习方法的书，让孩子参考，找到适合自己的方法；也可以请有经验的老师或同学给孩子讲解学习方法，让孩子知道如何学习效果才最好。

2. 根据孩子的知识水平查缺补漏

高中课程内容多，难度高，考察孩子的理解能力、融合新旧知识的能力、分析判断能力、归纳整合能力、知识的迁移能力。孩子的基础不好，就会制约孩子的这些能力，影响孩子的学习。家长要指导孩子查缺补漏，把基础补上来，帮助孩子扫清学习障碍，让孩子找回自信和学习的成就感。

3. 鼓励孩子勤动笔

无论是选文科类还是理科类，都需要勤动笔。勤写作可以提升孩子的语言把控能力、谋篇布局能力、文字锤炼能力。大量做练习能提升审题能力、分析判断能力、信息整合能力、知识迁移能力。多记笔记，能够帮助孩子把重点、难点提炼出来，便于集中记忆。好的笔记就是一本学习秘籍。

对任何一个孩子来说，勤动笔都是至关重要的。一旦开始动笔，眼睛、手、大脑都会集中到要解决的问题上来。我的经验是：写作文时如果不动笔，脑子很难理清楚思路；但是一旦动笔，思路就会顺着笔尖哗哗地流出来，边想边写，很快就写完了。理科也一样，在动笔做题的过程中，才能发现自己的问题在哪里，早发现早解决，在纠错中提升自己的思维能力。同时，动笔能提升做题速度，在考试时不会慌乱。

4. 鼓励孩子有针对性地解决自己的问题

每一个孩子遇到的问题可能不一样，有的孩子基础知识薄弱，有的孩子理解力差，有的孩子不懂学习方法，有的孩子知识迁移能力差，有的孩子写作能力差，等等。所以，家长要鼓励孩子多分析自己学习中存在的问题，有针对性地进行练习来解决问题，提升各方面的能力。这样，孩子学习起来才会越来越顺利。

5. 正视和主动解决难题

孩子在学习过程中，总是会不断地遇到难题、错题，正确对待难题和错题的方法是及时解决它们，而不是视而不见。

准备一个错题本，把遇到的难题和错题记在本子上，分析它们，想想做题时到底错在哪里。是基本概念没有弄懂，还是解题思路不对，抑或者粗心造成的？通过自己研究和问老师、同学，把问题弄明白，把解题思路写在旁边。用这样的方法解决问题，问题就会越来越少，孩子就能快速进步。

七种记忆法帮孩子提升记忆效果

有些孩子总是记不住所学的内容。比如学英语，觉得背英文单词，记英语语法，背英文文章都好难。考试成绩因此老上不来，这很影响孩子学习的自信心。其实，记忆有方法，只要掌握方法，每一个孩子都可以进步。在这里，我们先了解一下大脑是怎样记忆的。

大脑是如何记忆的呢?

1. 大脑记忆的第一阶段

这一阶段叫大脑的"编码阶段"。就好比输入计算机的信息，要经过编码才能保存进数据库里。我们日常看到的很多信息事后经常回想不起来，问题就出在"编码阶段"。大脑在记忆信息时，需要注意力高度集中，把信息输入到大脑里进行"编码"。但是有些孩子在学习时注意力没有集中，也就是没有很好地把信息输入到大脑里进行"编码"，这样自然就记不住。举个例子，我们每天坐地铁，但是如果问你，你每天坐的地铁是什么颜色，很多人都回答不上来。因为人们对很多信息熟视无睹，根本没有注意到。所以，用心、上心，才能在大脑记忆的第一阶段打好记忆基础。

2. 大脑记忆的第二阶段

这一阶段叫短时记忆阶段。记忆保留的时间很短，一般不超过1分钟。比如，朋友告诉你一个电话号码，当你回头想打电话时，你已经记不清这个号码了。这是因为短时记忆的周期很短，信息很容易遗忘。如果当时能够反复默念几遍，可能就会记住这个号码。因而要把短时记忆转化成长时记忆。

3. 大脑记忆的第三阶段

这一阶段称为长时记忆，就是运用一些记忆方法，把信息记牢，不再容易遗忘。这样，这些信息就能够长时记忆了。

一些孩子记忆方法不对，造成记忆效果不佳。如果能够掌握记忆方法，也就能够记住所学的知识。

如何帮助孩子运用七种记忆法提升记忆效果?

1. 在理解的基础上记忆

高中学习，一定要在理解的基础上记忆。没有理解的知识是很难记住的，即使记住了也很难运用。只有理解了的知识才能变成自己的知识，存进自己的记忆库里，随时运用。如果死记硬背，所学的知识不仅很难记住，而且无法运用。理解是记忆的基础，孩子在上课时，一定要认真听讲，仔细思考，理解所有的知识点。

不懂的要及时弄懂、理解透，这样才会越学越扎实。

2. 通过复习加深记忆

"复习是记忆之母。"重复学习有助于巩固所学知识。根据艾宾浩斯遗忘曲线，遗忘先快后慢。所以，对于刚学过的知识，应趁大脑记忆尚清晰时，及时复习以提升记忆效果。每次课后抽出时间复习一下，比遗忘后再去复习效果要好很多。

3. 根据大脑的生物钟进行记忆

每个人都有自己的生物钟，在孩子精力最好的时间段安排学习最难理解的知识、最不好记忆的知识，学习效果最好。比如有的人早晨起床后头脑最清醒，记单词效果最好。有的人晚上大脑最活跃，做数学题效果最好。每个人状态最好的时间不一样，让孩子在自己头脑清醒的时候记忆知识，往往事半功倍。

4. 回忆与识记相结合

回忆与识记相结合是一种不错的记忆方法。应鼓励孩子时常回忆所学的内容。在回忆的过程中，大脑会自动搜集记忆的信息，回忆完，大脑就对信息进行了一次整理。孩子再确认一下哪些记住了，哪些没记住，再有针对性地对没记住的知识进行识记，这样就可以很快记住要记的内容。

5. 多感官参与记忆

提醒孩子：要眼、耳、口、手、脑多感官一起参与到学习和记忆中，多看、多听、多说、多写、多思考，这样记忆的效果会更好。

6. 通过记笔记帮助记忆

很多高中生有记笔记的习惯，记笔记也是提升记忆效果的好方法。因为在记笔记的时候，大脑就已经在记忆这些知识了，写在纸上更直观，便于加深记忆。所以，孩子要养成记笔记的习惯，那样既有助于理清知识点，又有助于记忆。

7. 使用思维导图简化记忆

我的两个孩子上中学时，学会了使用思维导图来帮助记忆，就是把要记忆的内容进行简化，归纳整理成思维导图，帮助自己理解记忆。因为孩子每天在课堂要学很多知识，如果杂乱地放到大脑里，大脑就可能装不下了。把同一章节内容的知识点整理成一张思维导图，提纲挈领，直观明了，就容易记忆。

思维导图的作用就是把要记忆的内容简化，整理成知识图谱，清晰明了，孩子只记住重要内容即可，省下的时间可做别的事情。

如果以思维导图为工具做笔记，把老师讲解的重要内容记下来，用线条将关联内容连接起来，重点、新旧知识之间的关联就能直观呈现出来。同时，将思维方式、学习方法也标注出来，日后复习时，通过思维导图就能在大脑里回顾老师授课情景，这样便于复习记忆。

第 4 章

做孩子坚强的后盾

多关注孩子的心理成长

高中生学习任务重，不少人心理压力大。再加上身体发育带来的影响、青春期情绪波动带来的烦恼，都可能影响孩子的心情。家长既要关心孩子学习，也要关心孩子心理健康，为孩子成长保驾护航，帮助孩子顺利度过高中三年。

高中生的心理特征

1. 自我意识明显增强

高中生在心理和行为上表现出强烈的自主性，迫切希望摆脱父母的束缚，并积极尝试脱离父母的保护和管束，期望有更多自由和独立生活空间，不被父母打扰。他们对人生和社会有了更多的理解和思考，形成了自己独立的见解。他们甚至会为坚持自己的观点而与父母激烈争论。

2. 心理发展滞后于生理发展

高中生的心理与生理发展并不是完全同步的，孩子的生理快速走向成熟，但是心理发展可能落后于生理发展。他们在理智、情感、社交等方面还处在人格化的过程中，容易冲动，情感比较脆弱。有的孩子非常害怕失败和挫折，承受不了打击。有的孩子一次考试成绩不理想，就不能正确面对，易出现学习成绩直线下降。

3. 逆反心理与偶像崇拜并存

他们对小时候接收的权威观念开始产生怀疑，不再认可家长和老师的权威。如果父母说得不对，他们会强烈反对。同时他们又会崇拜偶像，喜欢模仿偶像的行为。逆反心理和偶像崇拜并存，说明高中的孩子心理还处在成长期，波动大。

4. 情感闭锁，不愿意与父母多交流

高中生的内心世界丰富多彩，但是不会轻易表露出来，一些孩子希望独自待在自己的房间，不愿意与父母多交流，因而容易陷入孤独中。

家长要多关注孩子的心理健康

1. 多理解和尊重孩子

高中的孩子需要理解和尊重。家长要转换角色，不要再给孩子当保姆，而是当"高参"，给孩子出谋划策，帮助孩子解决问题。要尊重孩子的想法，尊重孩子的自主权，少干预，多站在孩子的角度，为孩子着想。

2. 做一个正能量的家长

面对青春期孩子的"情绪风暴"，家长要调整好自己的心态，少一分责怪，多一点理解和包容。多用正能量影响孩子，给孩子传递积极的价值观和人生观，让孩子在充满正能量的环境中成长。

3. 善于沟通，不做唠叨的家长

要多倾听孩子的心声，理解孩子的需求，多解决孩子的实际问题，不唠叨。家庭教育宜疏不宜堵，不要和孩子较劲。高中阶段的孩子容易冲动，家长应该保持清醒和理智，遇到任何争论，都应主动停止争执，在心态平和的情况下与孩子交流。

4. 多关注孩子的心理变化

高中的孩子压力大，情绪不稳定，家长要善于观察，随时了解孩子的心理变化。如果孩子情绪不稳定，家长要及时给孩子提供心理疏导，缓解孩子的心理压力，让孩子能够保持情绪稳定，积极地学习和生活。

放下身段，给孩子当好"陪练"

　　初中教育是普惠性的义务教育，中考是水平性考试，只考察学生的基础知识和技能，孩子的压力比较小。

　　高中教育是选拔性教育，高考是为高校选拔人才的。所以，高中会引入竞争，在一次次的考试中分出水平高低。高中的知识总量比初中知识总量多很多，知识的难度也比初中的难度大很多。高中生面临着竞争压力、高考压力，心理压力很大，情绪容易不稳定。

我记得小儿子上高中二年级以后，变得不好沟通了。一过问他的事情，他就很容易情绪化，很难心平气和地交流。面对孩子的情绪反应，我刚开始感到有一些奇怪，他怎么有这么大的脾气？我仔细研究了高中生的心理特征后，才知道孩子是因为心理压力太大，又不懂如何调节，才会爱发脾气。我作为妈妈，应该正视孩子的负面情绪，帮助孩子释放压力。于是，当孩子再发脾气时，我能保持平和的心态，不和孩子较劲。等他情绪好时同他谈心，了解他的烦恼，帮他解决问题。有时候，我也会被孩子的负面情绪搞得不开心，这时我就转过身去做其他事情，转移注意力，摆脱负面情绪给我造成的心理影响。

　　一次跟孩子的爸爸聊天时，我说："我现在是一个受气包，孩子不开心，就朝我发脾气。我长这么大，没有谁这样对待我。"他一听就笑了，说："我们是孩子的'陪练'，要陪孩子一起克服很多难题。他在学校遇到烦恼，自然需要找一个人诉说。就给孩子当好'陪练'吧，倾听他的想法，正视他的情绪，和他一起解决难题，不要因为他发脾气而真生气。"我知道，高中三年很磨炼孩子，也很考验家长。家长的责任和义务是给孩子当好"陪练"，陪孩子顺利度过高中三年。

　　记得大儿子上高中时，有一个家长给我说，孩子上高中时压力大，情绪管理能力差，家长需要耐心。当孩子上大学时，他就会理解家长了。确实如她所说，我的两个孩子上大学时，心态都变得平和很多。所以，高中的家长不要着急，孩子上大学以后，心态一般会改变。

|亲|测| 如何给孩子当好"陪练"？

孩子上高中后，深层次的需求增多了。孩子需要父母做人生导师，给孩子提供有实质意义的指导。所以，父母要不断学习，以跟上孩子的成长步伐，当好"陪练"。具体可从以下方面努力。

1. 创造一个舒适、宽松的家庭氛围

高中的孩子长大了，需要理解、信任和尊重，所以父母要放下身段，多听孩子的意见，多尊重孩子的想法，尽量少干涉孩子的正确决定，信任孩子处理问题的能力，减少一些无谓的抱怨和唠叨，创造一个适合孩子身心成长的家庭氛围，让孩子在家里感到放松、愉快。一个被尊重的孩子才能认可自己，才有魄力去构想远大的未来。

2. 多了解孩子面临的实际问题

我们家长要多了解孩子遇到的实际问题，多给孩子提供实质性帮助，多肯定和鼓励孩子，这样才能解除孩子的后顾之忧，使其一心一意备考。

3. 多关心孩子的心理，帮助孩子释放压力

孩子在高中阶段心理压力大，父母要尽量给孩子减压，让孩

子心情愉悦。简单的事情不唠叨。如果家长反复叮咛，孩子就会觉得家长低估自己的智商和能力，可能会不开心。家长说话前要体察孩子的心情，观察孩子的情绪变化，不要自说自话。

一些家长之所以唠叨，是因为对孩子不放心，而不放心很多时候源于对孩子不了解。不了解自然就容易产生误解，而误解又会导致家长与孩子缺少互信。所以，家长要意识到这些因果关系，主动把每一个环节做好，与孩子建立互信，这样才能建立良好的亲子关系。

一份高中生心理调查显示，孩子们普遍有这些心理：

☆不喜欢家长事无巨细地关心自己，把自己当小宝宝。

☆不喜欢家长运用过去的经验，对自己的学习和生活进行盲目指导。

☆不喜欢家长啰唆，反复叮嘱自己，把自己当成不成熟的人。

☆不喜欢家长拿自己与别人比较，给自己造成压力。

☆不喜欢家长期望值太高，把他们和自己都搞得很紧张。

☆反感家长在不了解情况时妄下结论，乱贴标签。

☆非常不喜欢学习时被家长打扰。

4. 找到与高中孩子相处的正确方式

心理学家认为，高三的孩子基本上已经成年，有着较强的自律性，家长不要紧盯孩子的学习和生活，要保持平常心。

高三孩子的家长不要经常将压力传导给孩子，也不要开口闭口讲学习。多给孩子分享一些开心事，多给孩子做些好吃的，为孩子做好后勤保障工作、资料收集工作、申报大学的准备工作。

一些家长从孩子一进入高三就如临大敌，陷入焦虑情绪之中。怕孩子的成绩大起大落，怕孩子生病浪费时间，怕孩子情绪不好影响复习，怕孩子谈恋爱分心，怕孩子考不上理想的大学……各种担心把自己搞得焦虑不安，然后不自觉地把焦虑情绪传导给孩子，给孩子造成压力。所以，家长一定要意识到这一点：放下焦虑，做好"陪练"，静待花开。

5. 家长要管理好自己的情绪

不要在孩子面前争吵，避免不和谐的声音影响孩子。如果家长争吵，孩子会感到痛苦和没有安全感，没有办法安心学习。家长自己要情绪稳定，用积极乐观去消除孩子心中的不安。让孩子以愉快的心情、充沛的精力备考。

6. 不要过度干预孩子的学习和生活

过度干预会向孩子传递紧张情绪，无益于孩子集中精力学习。家长望子成龙的心情迫切可以理解，但是最好表现出若无其事的样子来。

7. 对孩子的期望值要切合实际

不要给孩子施加过大的压力，要求孩子必须考上名校。对孩子的期望值一定要与孩子的实际水平契合。如果远远超出孩子的实际水平，就会挫伤孩子的积极性和自信心，给孩子造成压力。

帮孩子建立正确的自我评价体系

记得大儿子上高中以后，自我意识觉醒，对自己的形象很在意。青春痘、胡子、喉结都让他很烦恼，觉得它们很影响自己的形象。他经常照镜子，观察脸上的细微变化。鼻子上长了黑头，额头上长了一颗青春痘，腿上长了体毛都会影响他的心情。他会去购买各种美容工具进行处理。

孩子会因为身体不完美而失落，会放大那些"缺点"，觉得自己不如别人。比如，男生觉得自己不够高，不够帅；女生觉得自己不够漂亮，身材不够好。

孩子会开始有意无意地与身边人进行比较。比长相，比才能，比学习成绩，比家庭经济状况……比较的结果会让一些孩子产生自卑心理。而这种自卑心理又会影响孩子的自信心，影响孩子的学业进步。所以，我们家长要多关心孩子的心理变化，随时给孩子做好正面引导，帮助孩子建立正确的自我评价体系。

自卑心理是一种因自我否定而产生的贬低自己的情绪体验，易让孩子不切实际地低估自己，忽视自己的长处，甚至丧失自信心。家长要善于观察孩子的情绪变化，了解孩子是否出现了自卑心理，及时帮助孩子改变认知，找回自信。

孩子出现自我否定的原因

1. 认为自己的外貌有不足

孩子到高中阶段，对自己的身高、长相、体态、肤色更为关注。女孩子会关注自己的长相、身材和皮肤，男孩子会在意自己的身高、青春痘、喉结、胡子等方面。他们会非常在意自己的不足，甚至会因为自己的某一个方面不完美而产生自卑心理。我大儿子当时非常在意自己的喉结，觉得太明显，不好看。

2. 在竞争中遇到挫折

比如在模拟考试中成绩不理想，达不到心理预期，担心未来考不上好大学，担心同学看轻自己。

3.家庭的影响

爸爸妈妈吵架或者离异，家庭经济状况不好等，都容易让孩子产生自卑心理。

4.评价体系有问题

家长对孩子期望值太高，超出孩子的实际能力，或者家长拿孩子和别人家的孩子比，都易让孩子产生自卑心理，从而形成负面的自我评价。

|亲|测| 帮孩子建立正确的自我评价体系

1.让孩子多关注内涵

告诉孩子，世界上没有完美的人，每一个人都有自己的优点和不完美的地方。长相只是外在的，一个人真正的价值是内在价值，要把注意力放在学习和提升自己的能力上，注意培养自己的气质和内涵，这些能够让自己更有人格魅力，而人格魅力比长相更能吸引人。

2.培养孩子的长项

在学习之余，培养孩子的才能，发展孩子的长项。当孩子有很多特长时，就不会在意自己的长相、家庭条件等外在的因素，因为孩子已经通过自己的努力证明了自己，自己有别人没有的优势，这些就足以让孩子为自己感到骄傲和自豪。

3. 处理好家庭关系，解除孩子的后顾之忧

家长不和睦，最受伤的是孩子。如果家长经常吵架，孩子的心灵一定深受伤害。很多在不和睦家庭中长大的孩子，长大后还会留下很深的心理阴影。没有哪个孩子想在争吵不休的环境中长大。作为家长，要学会管理自己的情绪，不要因为一些小事情就争吵。

4. 教孩子正确看待自己

如果孩子经常被家人或者别人给予负面评价，或者受家庭不良因素影响，孩子就易陷入自我否定的误区，看不到自己的优势。所以，家长要引导孩子正确看待自己，让孩子了解自己的优势在哪里，建立正确的自我评价体系。

给孩子的心理建立防火墙

孩子升入高中以后，竞争压力、升学压力大了很多。有些孩子能从容应对压力，有些孩子心理就承受不起。

我的一个朋友的女儿在北京一所重点中学读书。这孩子很聪明，在小学、初中时一直是三好学生。升入高中后，班里的同学都很优秀，竞争很激烈，孩子感觉到压力很大，怀疑自己不够聪明，没有办法超过别人。于是，她越来越不自信，焦虑，睡不好觉，乱发脾气。家人认为孩子进入了青春期，脾气大是正常的，没有认真关注孩子的心理变化。当有一天意识到孩子不太对劲时，孩子已经发展出了抑郁症，没法正常上学了，只能办理休学。这一休学，到现在已经过去7年了。孩子整天待在屋里玩游戏，不想面对外部世界，整个人的生理和心理都不健康。妈妈因为成天为孩子着急，得了焦虑症。爸爸反思自己在孩子成长过程中，太关注孩子学习成绩，而忽视了孩子的心理健康，特别后悔。

这个痛心的事例告诉我们：有时，优秀的孩子更害怕失败。

有的孩子优秀惯了，不能接受别人超过自己。当被别人超过时，孩子的心理承受不起。家长要重视孩子的心理健康，不能只看重孩子的学习成绩。平时要多对孩子进行一些挫折教育，让孩子拥有一颗坚强的心，使孩子能够正确面对挫折和压力。

优秀的孩子平时一般都比较自律，能够自我驱动，家长就不要再给孩子施加过多的压力。不要只盯着学习成绩，要多给孩子心理减压，经常带孩子参加一些娱乐活动，让孩子放松身心。

|亲|测| 如何化解孩子的心理压力？

1. 允许孩子出错

我的两个孩子平时学习很好，但是也会有马失前蹄的时候，会在考试时失误，没有取得理想成绩。我每次都给他们讲，任何人都会出错，这是非常正常的。不用对自己要求太苛刻，得容许自己出一些错误。没有理由让自己必须赢，失败了不丢人。只要自己努力了，结果没有那么重要。只要过后总结经验教训，不再犯相同的错误，就进步了。

2. 引导孩子降低预期

如果孩子压力太大，就要引导孩子把目标降低一些，减轻孩子的心理压力。当孩子把基础知识掌握好了，再逐步提升学习难度，提高目标预期。

3. 给孩子创设一些小挫折

一些爱子心切的家长不想让孩子受委屈，很少让孩子自己面对困难和挫折，使孩子对挫折无感，心里没有应对机制。当孩子有一天面对挫折时，易手足无措。这样的溺爱是对孩子不负责任。平时给孩子创造一些小挫折，让孩子承受一点小压力，在挫折中学习解决问题，这样，孩子的心理会越来越强大。当有一天面对较大挫折时，就有心理准备，不会无所适从。

4. 培养孩子的逆商

逆商是指人在面对逆境时的应变能力。逆商高的人能够自我激励，迎难而上，决不放弃。逆商低的人则会知难而退，自我放弃。

有的优秀的孩子经不起挫折，是因为他一直优秀，总是生活在荣誉的光环下，而一旦遇到失败，就会很受打击。当孩子失败时，家长不要大惊小怪，要用平常心看待这件事，这样孩子才不会觉得失败是一件很严重的事情。同时，要给孩子心理支持。告诉孩子，谁都不可能永远成功，这次失败是给别人一次机会。你也不会因为一次失败就变得不优秀。

增强孩子的心理韧性

1. 有意识地让孩子受挫折

父母在生活中要多锻炼孩子，让孩子去做一些有挑战性的事情，并教给孩子解决的方法，让孩子在尝试中积累经验。

2. 引导孩子接受失败，走出失败

如果孩子做事情失败了，父母要让孩子接受失败这个事实，从失败中总结经验，以正确的心态消除失败的消极影响。

3. 帮助孩子正确认识挫折

要让孩子知道生活中荣誉和挫折往往是共生的，想取得更多荣誉，就会伴随更多挑战，甚至面临挫折。但是每翻过一座山，就会离荣誉的殿堂更进一步。

4. 鼓励孩子跌倒后爬起来

帮助孩子客观分析失败的原因，找到解决问题的方法。告诉孩子，胜利与成功不是从天而降，需要自己努力去争取。任何成

功者都是不怕失败的人。跌倒了爬起来就好了，总结经验，才能一步步走向成功。

国外一位名人曾说："世界上最光辉、最宏伟的事业就是使一个人站立起来！"我认为，这包括让一个人的心理站立起来。

孩子早恋，家长如何应对

　　我小儿子在高二下学期时，有一天，我到学校去开家长会，遇到一个家长，她说："你儿子谈恋爱了，你知道吗？"我当时一听，愣了一下，说："真的？我不知道呀。我觉得他还是一个小孩子，还不懂谈恋爱呀。"这个家长说："我经常来接孩子，几次放学时，看到你儿子与他们年级的一个女孩从学校走出来。"我说："我这个当妈妈的后知后觉，没有注意到，他也没有给我说过。"确实，孩子上高中以后，每天回到家喜欢在自己房间里独处，他的动向我很难观察到。孩子谈恋爱了，说明他长大了，有主动与异性交往的愿望了，这不完全是坏事。但由于孩子正处于高二，学习任务越来越重，分心势必会影响学习。所以，我冷静地思考了这件事情后，决定和孩子进行一次坦诚的沟通。

　　我找机会与他坐下来谈心，他说自己是与同年级的一个女孩在谈恋爱。我和他说："每一个少男少女都会爱慕异性，结交异性朋友是一件很正常的事情。但是你要把握住几点：一是不要影响学习，你很快就上高三了，正是非常忙的时候，要把心思和精力用在学习上，把学习搞好；二是你们现在对于恋爱的认知还不够深刻，一旦产生矛盾会影响心情，不如先做普通朋友；三是相处时把握好边界，知道哪些事情可以做，哪些事情不能做。"

我让他在和女生相处的过程中学会承担责任，学会换位思考，学会对自己和对方负责。

后来，到期末时，他和女生断了联系。在整个过程中，我作为一个旁观者，只是给了建议，没有强行干预，让一切自然而然。当他和对方中断联系，心里很难过时，我帮他分析，说明他们彼此意识到早恋不合适。

孩子通过和异性相处，知道谈恋爱不是过家家，需要观念契

合、志趣相投，能互相理解和互相帮助，才能互相成就。这段经历让他理智了，不再分神，全身心投入学习中并顺利考上了理想的大学。

孩子早恋，家长应该怎么做?

高二会有部分孩子开始谈恋爱。其中有一些孩子谈恋爱的出发点是因为同学有了异性朋友，自己也想结识异性朋友，心里在与同学攀比。因为孩子还很稚嫩，处理不好复杂的情感问题，出现各种矛盾在所难免。作为家长，既不要太担心，也不要放任不管，可以采用放管结合的办法，做好引导和心理疏导，让孩子平稳度过这段时期，顺利迎接高考。家长应该做到以下几点：

1. 认识到爱慕异性是人性使然

早恋是青春期孩子身心发展的自然行为，父母得知孩子早恋后不要惊慌失措，武断阻止孩子谈恋爱，结果会适得其反。

有一个男孩早恋了，家长为了让孩子专心学习，就吓唬孩子说，假如不和女孩分开，就把家产全部给弟弟，结果这个男孩做出了极端的事情。这种不讲方式的干预很不理性。

当家长发现孩子谈恋爱时，不要表现出吃惊的样子，更不要暴力解决。孩子爱慕异性是人性使然，是很正常的现象。还有的孩子是受环境影响，他不少同学都谈恋爱，他谈恋爱只是为了证明自己不比别人差。我们家长要学会引导，而不是堵截。如果家长简单粗暴干涉，不仅会给孩子带来心理阴影，也不利于孩子的性格发展。

2. 告诉孩子什么是真正的爱情

高中的孩子慢慢成熟起来，异性之间产生爱慕之情十分正常。家长要提前告诉孩子什么是真正的爱情，给孩子讲清道理，让孩子明白利弊关系，能用理性的头脑对待爱情，谨慎处理其与异性的关系。

具体来看，家长要尊重孩子的感情，还要给孩子讲清楚道理，让孩子知道，青春期是一个人的最佳学习时期，在这段时期学好本领，将来才有能力实现自己的价值。错过这段最佳学习期，以后可能就再也没有更好机会了。真正的爱情包含着责任，不仅要对自己负责，还要对对方负责。只有自己学到本领，有能力了，才能对对方负起责任。谈恋爱最好是在工作以后，那时候自己有收入了，也有对对方负责的能力。家长可以结合自己的亲身经历告诉孩子什么是真正的爱情。家长站在孩子的角度，为孩子分析问题，孩子是会听从家长的教导的。

3. 告诉孩子，早恋是给自我设限

要告诉孩子，一旦谈恋爱，自己与周围朋友交流的时间就会变少，大家可能就不会与你玩了，这对你的成长是一种损失。因为三人行，必有我师，你周围的朋友可以与你一起进步，谈朋友则是给自己划定了一个小的圈子，把朋友划到圈子外面了，朋友

可能会疏远你。

孩子一旦早恋，容易情绪波动，影响学习成绩。假如孩子的自我管理能力差，情绪波动大，就要给孩子讲明谈恋爱的后果，让孩子对早恋有一个理性认识，不要轻易开始谈恋爱。青春期的孩子还有很长的路要走，学业是无可替代的中心任务，理性的孩子才有好未来。

4.鼓励孩子与异性同学成为学习上的好朋友

孩子喜欢异性是青春期的相互吸引力使然，是人类的生物性使然。从心理学角度讲，异性存在着许多不同的特点，与异性交往能让孩子的人际关系更多元，精神世界更丰富。青春期的孩子都会对异性产生好奇，如果活动中有异性参与，孩子的表现会更加积极。因为与异性一起参与活动，会获得愉悦感，迸发出异常的积极性，提升合作成效。所以，父母不要阻止孩子与异性交往，可以鼓励孩子与异性同学成为学习上的好朋友，而不一定要成为男女朋友。

高中的孩子都是冰雪聪明的，只要道理讲透了，孩子还是能够分得清利害关系的。即使孩子真早恋了，家长也要耐心给孩子说明利害，孩子最终会明白学习比恋爱更重要，并做出取舍。

提升孩子的自我价值感

自我价值感是孩子对自己能够完成各项任务的自我信任心理，是一种积极、有效的表达自我价值、自我尊重、自我理解的心理状态。一个有自我价值感的孩子会相信自己，并通过自己的努力取得成就，而不是等着别人帮助，也不是依靠别人的力量取得成功。有了自我价值感，孩子会积极乐观，激发生命力量，千方百计争取成功。

我很重视培养孩子的自我价值感。在两个孩子的成长过程中，我不断肯定和鼓励他们，通过培养他们的综合素质强化他们对自己的认可，从而让他们信任自己的能力。

孩子做任何事，对自己有信心和没信心，结果可能是完全不一样的。当孩子对自己没有信心时，他可能会糊弄应付，结果自然就不会好。但是当孩子对自己有信心时，就更可能全力以赴，想出各种办法，争取最好的结果。

如何提升孩子的自我价值感?

1. 帮孩子强化对自我的积极认识

孩子需要结合别人的评判来认识自己，了解自己的优点和缺点。假如家长经常肯定孩子，认为孩子很优秀，孩子就会受到鼓舞，并不断增强自信心。所以家长要经常强化孩子对自我的积极认识，使孩子通过不断努力，最后获得成功。家长对孩子的评价是孩子树立自信心的重要因素。假如家长经常对孩子说"你一定能行！你肯定能做得不错！""你很优秀"之类的话，孩子就会收到心理暗示，遇事善于想办法，主动解决问题。

2. 培养孩子的特长

记得我上大学时，一些有特长的学生表现得特别自信，在各项活动中主动作为，他们很快就成了年级的知名人物，也更容易得到好机会；而一些没有特长的学生则默默无闻，容易被忽视，很多机会都轮不到他。所以，根据孩子的兴趣和爱好，有针对性地培养孩子的特长，是帮助孩子提升自我价值感的有效方法。

3．让孩子从成功的体验中获得信心

给孩子订立的努力目标要适合孩子，使孩子经过努力可以实现，这样孩子就能够不断从成功的体验中收获喜悦与自信。毕竟每一个孩子的心理承受能力不同，不是每一个孩子都能承受高压。要根据孩子的心理承受能力，给孩子定目标。如果目标定得太高，远远超出孩子的能力，他怎么努力都完不成，那孩子的自信心就易受挫，心理就易崩溃。

4．帮孩子在纠错中提升自己的实力

孩子受各种因素影响，出错在所难免。而出错正说明他某一个方面的知识存在漏洞，需要查缺补漏。如果孩子能够随时查漏补缺，打好基础，到高考时，就会少犯错，取得更好成绩。所以，孩子平时出错不是坏事，应鼓励孩子在错误中学习，不断纠错，提升自己的综合实力。

5．鼓励孩子积极参与家庭决策

我的小儿子上高中时，有了比较强的参与家庭决策的意识。在这之前，我一直认为他是孩子，家里的很多事情并不告诉他。当有一天，他知道家里的一些大事没有让他知道时，他感到自己被忽视，很生气，质问我："我难道没有知情权吗？"我意识到

他长大了，他想知道家庭的情况，他有这个权利。所以，那以后，家里的大事我都会告诉他，一些事情会让他参与决策，他感到自己被当大人对待，就认真提出自己的意见。让孩子参与家庭决策能培养孩子的责任感。

拥有自信心的人有一个特点，就是表现为想超越别人。考试中，尤其是在高考中，自信心起着极其重要的作用，甚至可以决定考试成败。父母要通过鼓励让孩子相信自己潜力无穷，这样他就能唤起内在的激情，主动提升自己，这就是积极的心理力量。积极的心理会激发积极的行为，然后达到惊喜的效果。

给孩子坚定的心理支持

　　我楼上邻居的女儿考上了中国人民大学。有一天，在楼下遇到母女俩时，我真诚地祝贺她们，为她们高兴。妈妈有一些遗憾地说："差一点进北大。"我说："人大也非常好呀，祝贺你家宝贝。"我知道，在那过去的三年中，妈妈和孩子承受着巨大的心理压力，非常不容易。妈妈是名校毕业，女儿是重点中学的学生，学习一直很好。但是因为升学压力，女儿有时从学校回到家里会情绪崩溃，大哭一场。妈妈特别心疼，但也不敢放松对孩子的要求，担心一放松，孩子就考不上理想的大学。

　　对于高中生家庭来说，高考是一场命运之战，孩子需要全力以赴，家长需要全力支持孩子，给孩子做好后勤工作，提供心理支持，保证孩子能专心备考。

家长应该如何为高中孩子提供支持？

1. 家长要先调整好自己的心态

　　绝大多数孩子最终都能考上大学，只要家长心里有这个底气，就不会有很大压力了。1977年，全国高考报考人数为570万人，录取了27万人，录取率约为5%。2021年，全国高考报考人数达到1071万人，共录取了1001.32万人，录取率约为92.9%。学生能考上大学的概率大多了，成绩不是非常差的孩子都能上大学。所以家长不用那么焦虑。

每一个人都需要终身学习，考上大学只是人生中的一步，虽然很重要，但是高考并不会决定孩子的一生。只要坚持终生学习，即使没有考上大学，孩子仍然有机会在未来走出一条精彩的人生之路。家长有正确的心态，不焦虑了，孩子没有太大的压力，就能轻松学习。

2. 少抱怨，多给孩子提供切实的帮助

一些家长内心有压力，每天看到孩子，都会给孩子念几句"紧箍咒"。不停地说教只会增加孩子的心理负担，让孩子不知如何是好。最好的做法就是少说多做，多给孩子提供切实的帮助，解决孩子的实际问题。这样，孩子才会感觉到家长是在真正帮助他。很多毕业生家长共同的经验都是少说多做。没用的话不要说，如果要给孩子说话，也要认真思考，组织好语言再说，一说就说到点子上，让孩子愿意听。

3. 给孩子做好后勤保障

把孩子生活照顾好，确保营养跟上；帮助孩子协调好与同学、老师的关系；如果孩子有弱项，帮孩子查漏补缺；做好升学咨询，帮孩子收集好各种资讯；孩子有心理压力，帮孩子做好心理舒压工作。给孩子做好后勤保障，孩子就没有后顾之忧，能积极、专心备考。

4. 经常给孩子积极的心理暗示

孩子的自信心除了来自于自我激励，还来自于家长的夸奖和鼓励。高中生仍然是孩子，父母要多夸奖，多鼓励，多给孩子输入正能量，多给孩子积极的心理暗示。这样，孩子才能以积极的心态应对每一天的事情。

5. 多给孩子正面评价

多赞赏和肯定孩子，多给孩子正面评价，孩子在心里就会认可自己，就会有学习动力。即使他一时失误，我们也可以提醒他，让他知道家长相信他有能力做得更好。不要用"你老是这样，从没做好过"这类话指责他。当孩子认识到自己并不差，内心成功的欲望被激起时，就能进步。

第 5 章

多参与丰富多彩
的能力提升活动

培养孩子的特长，提升孩子软实力

孩子上高中以后，不仅要努力学习，为高考做好准备，还需要培养自己的特长。因为孩子的高中生活不仅要有学习，还应该有丰富多彩的课外活动，包括参加各种竞赛，培养自己的特长等。新高考和强基计划都重视选拔高素质的孩子，可见，国家越来越重视素质教育。所以在高中阶段，家长除了应该重视孩子的学习成绩，还要重视培养孩子的特长，提升孩子的综合素质和核心竞争力，让孩子在未来成为能力出众的人才。

我的大儿子从上小学六年级时开始学习小提琴，一直坚持到高中毕业，没有因为高中学习忙碌而停止。他在初中和高中时，是校管弦乐队的小提琴手，经常参加演出活动。除了经常在学校演出，到养老院演出，还曾到国外交流演出。记得孩子每次在学校演出之前，都会拿着票和同伴到超市门口去卖，每张门票五元。学校会把孩子们卖门票得到的钱统一捐给慈善机构。孩子在乐队的六年时间里，不仅提升了演奏能力，培养了坚持把一件事情做下去的毅力，还培养了服务社会的公益心。在这六年里，我看到他一步步从一个小孩子成长为一个有特长、有爱心的青年。

他坚持做的另外一件事是打冰球。他从小学时开始学习滑冰，中学时开始学习打冰球。每周末都要参加训练，摔倒过无数次，练就了高超的打冰球技能。这项技能让他在读工商管理硕士时成为校冰球队的主力队员。

他学习的这些技能不仅为他申请名校提供了背景支持，也让他更加自信，能够以一个很好的状态投入学习，保证各门功课都取得好成绩。

我的小儿子从初中时就参加了学校的中英文辩论队，每年都参加国内外的中英文辩论赛。到高一时，他不再参加英文辩论，只专心参加中文辩论，拿回来不少奖项，既得过团体冠军，也得过个人最佳辩手。这些辩论赛不仅提升了他的思辨能力、口头表达能力，培养了他的团队合作精神，也让他学会了安排自己的时间，让学习与辩论两不误。

小儿子参加过的另一项重要活动是由美国宇航局组织的面向全球青少年的国际太空城市设计大赛。来自全球不同国家、不同学校的队伍组建成 4 个更大的团队，不同国家的青少年在 24 小时极限时间内，要以虚拟公司的形式合作完成一项太空基地投标方案。每个虚拟公司由 4 或 5 支队伍组成。拿到标书后，孩子们将在 24 小时的时间内，以虚拟公司为单位共同完成这份标书。大赛贴近真实产业的组织形式和交互过程。每一个人都要在里面承担相应的职责，有人负责技术，有人负责运营，有人负责沟通协调。

比如，工程副总裁必须理解太空城结构设计、基础设施运营、人居系统设计和产业设施设计之间的联系，避免各部门的设计出现矛盾。在满足基础需求的前提下，以科学合理的方法展示出公司在太空城工程建设上的创新设计。

人居部总监的工作包括但不限于带领人居部门工程师分析人居需求，充分考虑人在太空城中的安全、生产、生活、娱乐等需求。按照需求建议书的要求，设计必要的防护、居住、医疗等系统，保证太空城人员的身心健康，并且在出现紧急情况时确保他们能够以最快的速度得到保护或者逃生。此外，其职责还包括制定本部门时间计划，跟进进度，及时调整计划，把控风险；分析与其他部门的需求关系，与其他部门负责人联络。其他角色也有复杂的分工，此处不一一介绍。

我的小儿子的团队经过资格选拔赛、初赛、复赛、决赛，一直比到最后，赢得了比赛的亚军，非常了不起。每次比赛时，孩子们都十分努力，每天都在电脑前快速做着设计、沟通、协调。有一次，他们与一个印度团队分在一个公司，那几个印度人的英语很不好懂，他们非常着急。但是他们反复沟通协调，最后成功晋级了。

在整个比赛的过程中，孩子们需要高效地进行团队协作。这个活动不仅考查学生的科学知识水平，还考查学生是否懂得公司组织架构和公司管理，是一个综合考查学生科学知识和商业管理能力的比赛。这种比赛锻炼了孩子的耐心、毅力、学习能力，培养了孩子的团队协作精神。

两个孩子在中学时代除了参加上面这些活动，还参加过其他各种各样的活动，一路努力。他们不仅取得了好成绩，还提升了各项软实力，这些为他们在大学申请中被名校青睐并成功入读理想的大学奠定了基础。

让孩子在打工中培养责任感

　　孩子上高中以后，可以早一点了解社会，体验人生，培养社会责任感和自我责任感，为未来参加工作做准备。我的两个孩子都在高中时打过工。大儿子满十六周岁后，在一家连锁咖啡店打了一年半工。因为要上课，他每周去两次（每周三放学后去 2 个小时，周六去 4 个小时）。咖啡店不仅卖咖啡，还卖一些西餐。他每次去都会到后厨做鸡汤和烤面包，也会在前台收银。一开始，

我想他可能去不了多久就会放弃了。可是没有想到，他一直干了一年半没有间断，并因此爱上了做饭。这份工作让他知道了干工作必须认真负责，不能有半点马虎，不能出差错；也知道了坚持做一件事情很重要。通过打工，他懂得了挣钱是一件很不容易的事情，于是学会了节俭，不再乱买东西，会有计划地花钱；也懂得了父母很辛苦，知道为父母着想，培养了家庭责任感。

小儿子在高中时与同学一起，帮山西某地的农民卖小米。当地扶贫机构负责组织货源，孩子们卖了小米，会将资金给到扶贫机构，扶贫机构把卖小米的钱给农民，赚的钱用于给当地的孩子买书包。所以，我的小儿子和同学们既帮助了当地农民，也帮助了当地的贫困儿童。这件事做得特别有意义，他连续做了两年，还因此认识了当地的一个初中生。这个初中生的父亲去世了，他与妈妈相依为命，家境贫困。我和我儿子商量，每年资助这个孩子学费，供他上学。

从高一时，小儿子就与同学一起创立了一个英文中心，每周末都去给中心的小孩子上英语课，当这些小孩子的小老师。高三时，他还去希望小学当老师，给孩子们讲课。

通过这些活动，孩子知道了帮助别人是一件非常有意义的事情，树立了一个理想——到四十岁的时候，去帮助贫困的人，帮他们改变命运。

我的两个孩子在高中时做了很多看起来与学习无关的事情：

打工，做义工，参加各种演出，参加各种竞赛。我想让他们通过参加活动，丰富高中生活，也让他们学习一些工作技能，培养责任担当意识。

|亲|测| 如何让孩子在打工中培养责任感？

1. 让孩子学会做事情有始有终

大儿子在打工过程中，领班对他提出了严格的要求，要求他认真负责，每一个环节都要认真干好，不能偷懒，不能出错，要有始有终，保质保量完成任务。他按照这些要求认真工作了一年半。这让他养成了做事情认真细致、有始有终的好习惯，并把这些习惯用于学习，提升了学习效果。

2. 让孩子学会对自己负责

通过打工，孩子知道了做任何事情都要认真负责。他把这种责任感带到学习中，以负责任的态度去学习，做题时的错误率就很低。同时他知道了好好学习，将来才有能力做自己喜欢的事情。因此在学习过程中能够自我激励，自我驱动。

3. 培养孩子的家庭责任感

当孩子有了责任感以后，他不仅会对自己负责，也知道对家庭负责。记得大儿子当时晚上九点多下班，总要给弟弟买一些甜甜圈带回家，看到弟弟开心，他也开心。平时每天回到家，他还会陪弟弟玩耍。我看到大儿子慢慢变成一个负责任的大哥哥，很欣慰。我经常对他说，你是哥哥，你要保护弟弟，弟弟将来长大了，也会保护你，兄弟就要互相帮助。对孩子来说，拥有责任心不仅是培养健全人格的基础，还是能力发展的催化剂。孩子只有认识到自己的责任，才知道自己应该做什么，如何做。

4. 培养孩子的社会责任感

孩子终归要成为一个社会人，要对社会负责。所以，孩子上高中时，通过打工，知道自己要对工作负责，将来长大了要对社会负责，这种责任感会让孩子多一些自律和责任心，回到教室后会更自觉好好学习。

高中的孩子学习任务重，当然要以学习为主。但是国家现在实行新高考改革，推进强基计划，孩子不仅要会学习，还需要掌握更多技能。打工能锻炼孩子的一些基本技能，让孩子更早接触社会，接触工作，在实践中发现自己的不足之处，增强学习意识。每一个家长可以根据自己孩子的成长情况，选择让孩子做一些事情，以培养孩子的综合素质。

让孩子在团队活动中培养合作精神

团队精神是集体意识、合作精神和服务精神的集中体现，其核心是合作精神，有利于保证集体的高效运作。

孩子升入高中以后，需要参加很多校内外活动，与同学一起完成各种任务，这就需要孩子有合作精神。如果孩子不善于为别人着想，不善于与人合作，就难以实现合作共赢。所以，家长要重视培养孩子的合作精神。我的两个孩子在高中的团队活动中，经常在团队里挑大梁。一个团队一起搞活动，有时一些孩子不好好干，我的儿子就会主动多干。一些大作业需要小组一起完成，有孩子不做，我的儿子就会一个人干两个人的活。我常告诉他们，不要觉得多干就吃亏，多干能够锻炼自己的能力；但是也不要全包圆，既要自己多干，还要带领别人一起干，这样才有意义。在合作中，他们都培养起了团队精神，知道与他人配合。

是否具有合作精神是考察一个孩子潜力的一个重要标准。因为个人的力量是有限的，而集体的力量却可以无穷大，合作才能共赢。现代社会，分工越来越细，很多工作都需要人们分工合作完成，现在比以往任何时候都更需要合作精神。所以，培养孩子的合作精神，让孩子与别人互助合作，取长补短，形成 1+1>2 的合力，才能实现共赢。

|亲|测| 怎样培养孩子的合作精神？

1. 让孩子懂得与人合作的重要性

在孩子的学习生活中，有许多事情需要与他人合作完成。比如一些体育项目，一些科研活动，一些大型作业，都需要团队合作完成，这是为了培养孩子的团队合作精神。所以，告诉孩子，在团队中不要只想着独自去完成任务，也不要想着让别人替自己完成任务，要积极参与进去，贡献智慧和能力，因为合作能帮助大家实现共赢。

2. 让孩子学会分工合作

鼓励孩子与同伴分工合作，互相配合，共同努力完成任务。一些孩子不善于与人合作，喜欢独自承担全部任务，或者依赖别人完成任务，这些都是不对的。老师之所以让孩子们合作完成任务，就是为了培养孩子们的合作精神。

3. 让孩子学会理解与包容

在一个团队里，大家的想法可能会不一样，如果都不想听别人的，也不想与别人打配合，那就无法实现合作和共赢。所以，学会倾听，学会理解，学会包容，学会尊重，学会帮忙，这样才能更好地与人合作。告诉孩子，什么时候都需要谦虚。

4. 培养孩子的责任意识

合作的前提是要有责任意识。告诉孩子，无论分到什么任务，都要认真完成。因为团队中的每个人不仅要对自己负责，还要对其他同学负责。所以，要有担当意识，不推卸自己的责任。除了完成自己的任务，还应尽量主动帮助别人。

5. 提醒孩子把竞争对手变成合作伙伴

在班级里，竞争与合作是共存的。大家都想取得好成绩，都想争取某一次机会，必然会展开竞争。但要让孩子端正竞争心理，和同学们在竞争中共同进步。要让孩子知道，竞争对手也可以是合作伙伴，一起合作能形成合力，共同达成目标。

现代社会不推崇个人英雄主义，而提倡团队协作。每一个人都是一个螺丝钉，都需要与别人配合。谁善于合作，谁就能在团队中游刃有余。共同的使命感、归属感和认同感能产生强大的凝聚力，让孩子与团队其他成员齐心协力，拧成一股绳，朝着一个目标努力。

给孩子的一些合作技巧

与人合作需要掌握一些交际技巧。这些技巧可以供孩子参考：

1. 注重给予、付出、奉献与分享，不要只在乎回报；

2. 对待别人要真心诚意，讲信用，不欺骗；

3. 善于发现别人的优点和长处，学会欣赏和赞美别人，向优秀的同学学习，为别人的成绩鼓掌；

4. 包容同学的缺点和过错，不为一些小事而斤斤计较；

5. 学会接纳不同个性的同学，取长补短，完善自我；

6. 合作就要互相协商，分工配合，尽力干好自己的事；

7. 能力强的可以多干些，帮助能力差的，这样可以提高效率；

8. 个人利益不能凌驾于集体利益之上，在维护集体利益的前提下，可以努力去实现个人利益。

培养孩子的领导力，让孩子勇敢作为

在中学素质教育中，挖掘和发展学生的领导才能是培养创新型人才的重要内容。一些著名大学把是否有领导力作为评价学生的一个重要参考指标。

领导力是强基计划要求培养的一种核心能力。如果孩子要到国外留学，这也是名校要求考生必须具备的一项重要能力。所以，在孩子上高中时，家长可以注重培养孩子的领导力。这项能力会帮助孩子在未来脱颖而出。

我的两个孩子在申请名校时，学校的申请表中就明确要求填写学生是否具有领导力。

中学阶段是世界观、人生观和价值观形成的重要时期，家长注重培养孩子的领导才能、责任意识和"三观"，孩子长大以后才能有责任担当和敢想敢干的勇气。

我的小儿子上初中时，当选为学校的学习部长和班里的班长。当学生干部以后，孩子越来越自信阳光，对自己严格要求，做事情积极带头，学习成绩一路领先，语文、数学、英语都能考到年级第一。当学生干部培养了孩子的责任心，使他敢担当，能奉献，有组织能力，勇于面对困难和解决问题，成了老师的好帮手。所以，我觉得当学生干部让孩子变得更阳光自信了，也明显更有领导力了。

当班干部是培养孩子领导力的一个重要途径。孩子在班干部岗位上会对自己严格要求，身先士卒，为同学做好表率。他会积极参与班级管理，组织活动，从而锻炼自己的沟通协调能力和组织管理能力。

当班干部的意义

1. 提升孩子的自信心

担任班干部意味着孩子获得了老师的认可和同学们的信任，

无形之中就给孩子一种心理暗示：你很棒。孩子自然就会变得自信，敢于表现自己。

2. 提高孩子的责任心

班干部要为同学服务，要当好老师的助手，这就要求孩子有自觉的服务意识和责任担当意识，能够负起责任，主动发现问题并解决问题，提高服务质量。

3. 提高孩子的组织管理能力

班干部需要以良好的表达去说服同学，以积极的行动去引领同学，需要孩子主动组织活动，积极沟通，做好管理。因而能提高孩子的组织管理能力。

|孩|子|亲|测| 如何当好班干部并锻炼领导力？

1. 班干部要成为班级的核心

班干部是老师的得力助手，是班级的领导核心成员，是为同学服务的优秀代表，班干部要发挥领导力，使班级成为一个有凝聚力的团队。

2. 班干部要有奉献精神

当班干部，一定要有爱心，有奉献精神。如果是为了显摆，在同学面前逞能，那就背离了班干部的初心使命。

3. 班干部要为同学们做出榜样

无论是学习还是参加各项活动，班干部都要积极走在前面，以身作则，为同学们做出榜样。

4. 班干部要发挥沟通协调作用

班干部将积极协助老师，做好老师与同学们之间沟通的桥梁，当好老师的助手，服务好同学们，带领同学们一起学习进步。

5. 班干部要积极组织活动

班干部要同心协力，维护好班级的纪律、卫生，开展丰富多彩的活动，维护班级的荣誉。组织活动尤其能锻炼孩子的领导能力和沟通协调能力。

家长怎样培养孩子的领导力？

1. 给孩子提供锻炼的机会

每个孩子都有潜在的领导才能，都蕴藏着影响他人的特质。如何挖掘孩子的领导潜能呢？需要家长主动发现，给孩子创造机会锻炼。一是在学校当班干部，二是多给孩子提供锻炼的机会，让孩子在社会实践中得到锻炼。

2. 教给孩子培养领导力的方法

比如尊重别人的想法，倾听别人的心声，站在对方的立场考虑问题；包容别人，用恰当的语言做说服工作；主动想办法解决问题；多参与组织、协调工作，做好管理。

3. 锻炼孩子的决策能力

拥有较强的决策能力是领导他人的先决条件。培养孩子决策能力的关键在于让他自己做决定。父母要尊重孩子的价值判断，以最大的信任、必要的指导和一定的帮助培养孩子的独立自主性，锻炼他的决策能力。

发掘和培养中学生的领导力是全球人才培养的一个焦点，我国教育界已经深刻认识到这项任务的重要性和紧迫性。为了给国家培养后备人才，不少学校已经把培养和发展中学生的领导力上升到提高中学生综合素质的重要高度。强基计划和新高考改革都把学生的领导力作为一项评价指标。家长早行动，培养孩子的领导力，可以让孩子在未来竞争中更有优势。

在实践中让孩子学以致用

我的两个孩子读高中时，校园生活都丰富多彩。我作为家长委员会成员，经常参加孩子们的校园活动，参与并见证了孩子们丰富多彩的校园生活。这些校园活动不仅丰富了孩子们的生活，增长了孩子们的见识，开阔了孩子们的视野，还培养了孩子们的团队意识和责任感，锻炼了孩子们分析问题、解决问题的能力。

为期一周的社会实践活动

小儿子的学校每年都有为期一周的社会实践活动，由语文老师带队到全国有文化底蕴的城市去游学。去之前，老师会布置大作业，让孩子们先上网查资料，了解这个地方的文化特色、风土人情、历史文化名人、代表性的景观等。到了当地以后，要了解当地的特色，拍摄视频，采访当地人，了解当地历史，向当地手艺人学习手艺，请当地人教大家制作当地美食。所以，孩子们特别喜欢每年的社会实践活动，这是真正的学以致用。记得孩子去过成都、黄山、德宏、西安等地。在成都，他们到杜甫草堂，学习杜甫的诗，感受杜甫忧国忧民的情怀；在大熊猫繁育研究基地做志愿者，为大熊猫砍竹子，打扫馆舍，喂养大熊猫。在黄山，他们到西溪南镇向当地的制笔大师学习制作毛笔和笔筒，了解徽派建筑的特点和黄宾虹的绘画风格。在德宏，他们走进榕树根，给当地孩子捐书捐物，教当地孩子学英语。

这些社会实践活动让孩子们学到的书本知识鲜活起来，让孩子们真正理解了那些文人生活的时代和他们为什么能写出旷世之作。

社会实践结束以后，孩子们都要根据自己的采风和收集的信息，写出自己的社会实践报告。不少孩子的社会实践报告都很有思想和自己独到的见解，孩子们真正实现了读万卷书，行万里路。

丰富多彩的课本剧演出

小儿子学校的一个深受孩子们喜欢的教学活动是课本剧演出。老师每学期都会组织孩子们把一些课本内容编成课本剧，让孩子们自编自导自演，由学校统一安排演出。所以，小儿子在学校里参加过很多次课本剧演出。在毕业之前，我小儿子参加了一场毕业话剧演出。他们根据课本编写了一个剧本：西南联大师生在从北京到云南的途中，一路经历日军轰炸，参与救护伤员，不少人的思想实现了由消极逃避到积极抗战的转变。小儿子出演里面的主角。孩子们根据自己对历史的理解和独立思考，自己编剧，自己演出，自己制作音效，演出效果特别惊人。

富有特色的"中国日"

学校每一学期都会有一个"中国日"。在这一天，孩子们会集中展示具有中国文化元素的一些作品。每一个"中国日"都有一个主题，孩子们会展示相关的作品。比如，关于中国新年的"中国日"，孩子们会收集关于新年的来历、历史上新年的演变、美食、服饰、庆祝活动、禁忌等信息，制作相关的作品展示。所以，每一个"中国日"都是一个传统文化学习日。

精彩的乐队演出

两个孩子的高中都有乐队，他们也都在乐队里演奏乐器。大儿子一直在校管乐队和弦乐队吹小号和拉小提琴，每年都会多次参加演出。他从初二开始吹小号，一直吹到高二，因为要准备考大学，他忍痛离开了管乐队。但他一直待在弦乐队里拉小提琴直到毕业。小儿子是从初中开始吹萨克斯的，有时在乐队演奏萨克斯，有时候也会独奏，很精彩。这些演出活动不仅丰富了孩子们的业余生活，也锻炼了他们在观众面前展示自己的能力。

有趣的教学创新活动

孩子的老师寓教于乐，会把教学活动搞得生动有趣，丰富孩子们的课堂生活。记得小儿子的数据科学课老师是一个动漫小专家，他经常教孩子们制作动画片。他教孩子们把一些小木块摆成各种造型，拍摄出来，然后指导孩子们运用一些软件将拍好的视频剪成动漫小电影，配上故事和音乐，特别有趣。孩子也因为老师而喜欢上了摄影和制作动漫。他的物理老师曾教孩子们利用力学原理用意大利面制作大桥。因为利用了三角形结构的稳定性，孩子们制作的大桥居然可以承重几斤。他的学校有一个话剧老师曾经是演员，特别善于表演，举手投足都是戏，深受学生喜爱，他的课堂总是充满欢声笑语。

当有趣的灵魂遇到一起，学习就变成一件美好的事情。孩子学到的不只是书本知识，而是生动有趣的活知识。而且，在学习过程中，孩子们不仅学习了知识，还拥有鲜活的思想，提升了能力。

第 6 章

毕业季，为未来做好准备

高考前的冲刺，让梦想照进现实

高考前夕，孩子的心理压力很大，担心还有很多内容没有复习，担心已经复习的内容没有记牢，担心考不出理想的成绩，担心考不上理想的大学。各种担心都会影响孩子的心情。此时，家长就不要反复叮嘱孩子，避免把不良情绪传导给孩子，加重孩子的心理负担，让孩子没有办法专心应考。

记得当年我上高三时，班里有一名女同学，每次大考前都会流汗，非常紧张。当年她第三次复读，经历过两次高考失利，有考试恐惧症。那年高考前夜，她睡不着，晚上十二点多把我叫醒，跟我说话。我安慰了她，她后来就睡着了，我却过了很久才睡着，第二天考语文时头有一些发晕。好在我语文底子好，没有影响考试成绩。那一年她终于考上了大专，我有惊无险，考上了重点大学。

高考前，我们家长应该以一种什么样的心态面对孩子的高考？孩子应该用什么心态应对高考？

家长、孩子应如何应对高考?

1. 家长先放平心态

过去我们一直认为，高考决定孩子的命运，孩子考不上大学，就没有了出路，所以把高考看得特别重要。像我高考的时候，真的是高考改变人生，所以我的同学才会那么重视高考，那么怕高考考不好。但是随着社会发展，孩子可以选择的出路越来越多，高考不再是一考定终身的事情。所以，今天的家长要学会放平心态，以平常心应对高考。当我们家长心态放平时，孩子就能感受到轻松的家庭氛围，他的内心就能安宁，不再背包袱，能全力应对高考。

2. 让孩子静下心来专心复习，抓住重点

告诉孩子，只管踏踏实实复习，不用想别的，不去想结果。

指导孩子定一个复习计划，根据孩子的优劣势，查缺补漏。最后几个月，让孩子围绕重点复习，不再面面俱到，多花时间复习容易得高分的内容，保住总成绩。

3. 鼓励孩子向同学和老师请教复习方法

优秀的学生一般都有很好的学习方法，这些方法可以让孩子节省时间，提升效率。所以，鼓励孩子多向身边的优秀同学学习，借鉴他们的学习方法。孩子也可以多向老师请教学习方法。老师一般都是学校选拔出来的有经验的老师，他们懂很多学习方法。让孩子多请教，这样可以走捷径，节省高考前的宝贵时间。

4. 提醒孩子掌握并运用考试方法和技巧

这些建议可以供孩子参考：平时要多练习审题，正确理解题意，如果没有好好审题就开始回答，结果可能会答错答漏。做题过程中要保证每一步都做正确，不要着急；要运用正确的书写方式答题，运用规范的术语答题，不要因为用语不当影响成绩；在做题过程中，如果遇到不会的题，不多纠缠，先做会的，最后再回来做不会的；平时要多训练做题速度，提升做题效率，这样才不会导致会的题没时间做而造成遗憾；针对不同的题，可以按照老师讲的相应的答题技巧多练，总结规律。只要自己会的都做好，结果就不用担心。

5. 高考之前查缺补漏

孩子在高考之前，每一次摸底发现问题，都是他们存在知识漏洞的信号，孩子应及时查缺补漏。告诉孩子，遇到问题时不要灰心，要积极面对，通过学习、问老师，彻底把问题弄懂，这样就把相关的漏洞给堵住了，高考再遇到类似问题时就会了。

6. 鼓励孩子保持自信，积极应考

高中三年，只要孩子认真地、踏踏实实地跟着老师学习了，不会的及时查缺补漏了，考前积极复习了，那考上大学就不会有太大问题。近几年，高考总录取率在90%上下。所以，只要孩子学习不是很差，都能够考上大学。因此，让孩子对自己保持信心，积极备考，等待梦想照进现实。

7. 以好心态考出最佳成绩

一些孩子因为担心考不好，害怕考试，患上考试恐惧症，出现临场发挥不好的情况。

我认识一位北京大学的高才生，他说自己在高中时，曾经是一个非常害怕考试的人。有一次考试，他一拿到试卷，先粗略看了一遍考题，觉得大部分题目都是考基础的，没有难度，心里比较轻松。但是当看到最后两道大题比较难做时，一下子就紧张起来，身体紧绷，心里发慌，腿发颤，手发抖。虽然他很想静下心来答题，但是思路好像消失了，头脑中什么都没有，啥也写不出来了，只能对着试卷干瞪眼，等到终于能静下心来答题时，已经没有多少时间了。

这次体验让他对考试有了恐惧心理。他的妈妈为了帮助他克服考试怯场，就给他讲道理："考试只是检验你是否掌握了学习的知识，考不好也没什么关系。学习的最终目的不是考试，而是让自己成为有知识、有能力的人。因此，不要把考试本身看得那么重要，考试时把自己会的都做对就行了，不会的考完后再弄懂也可以。"经过妈妈的开导，他不再害怕考试了。

在那之后，这位睿智的妈妈为了帮助孩子彻底告别怯场，一方面积极帮助他打好每个学科的知识基础，针对孩子的弱科查漏补缺；另一方面，帮助儿子认真分析每一次考试结果，查找出错的原因，帮孩子堵住知识漏洞。妈妈还利用假期在家里组织模拟考试，锻炼孩子的应试能力。

经过妈妈的努力，这个孩子彻底摆脱了恐惧心理。高考时，他镇定自信，超常发挥，考出了638的高分，成功入读北大。

这个例子说明，做好准备，不怕高考，能够在高考中胜出。

高考之前，孩子该学的知识已经学了，基础已不能再改变了。让孩子放轻松，不纠结，吃好睡好，考试时把自己会的都做对，就赢得了高考胜利。

留学，走一条不一样的路

留学是一个"系统工程"，单靠孩子是完不成的，需要家长全程参与其中。做出决定，选择学校，制定留学计划，了解留学流程，抓孩子的平均学分绩点，提升标化成绩，选课，参加各种背景提升活动，准备文书，找老师写推荐信，提交申请……每一步都需要家长参与。在这个"系统工程"中，家长需要收集信息，整理文件，筹集资金，需要与老师和专业人士做好沟通、协调，需要督促、协助孩子学习。这个过程是很辛苦的，很考验家长的耐心、情绪管理能力。家长需要默默做大量工作，任劳任怨，坚持不懈。

我的一位闺蜜说："虽然自己对国外大学教育有一定了解，但是孩子决定留学以后，要提前帮孩子做好未来专业选择、竞赛活动规划、社团活动筛选、课余时间管理等，各种问题扑面而来，一时不知所措。为了全面学习，自己加入许多个家长群，听讲座，看公众号，到处打听消息，生怕错过重要时间节点，耽误了孩子的前程。为了取经，原本不太喜欢社交的我，寻找机会认识'牛娃'

妈妈，线上线下请教咨询，微信通讯录人员都急剧增多。"

　　这是一个很为孩子负责的妈妈。事实上，只要家长积极学习，了解每一阶段应该做什么，脚踏实地把所有的信息都收集好，在孩子努力拼搏时给孩子提供心理支持，做好后援，给孩子源源不断地提供正能量，帮孩子获得漂亮的成绩和各种竞赛成果，孩子最后都能够申请到理想的大学。

留学前需要做好下列事情

　　1. 要先上好学校的各门课程，保证 GPA 成绩

　　GPA（Grade Point Average）全称叫平均学分绩点，是以学分和绩点作为考核学生学习质量的衡量标准。这是申请名校最重要的一项指标。有的国家的高中是以 GPA 来考查学生成绩的，所

以为了申请那些国家的大学，国内的国际学校和国际班也以 GPA 评分方式评估学生的学业水平。GPA 是把平时作业、课堂发言、单元测验、期中和期末考试成绩结合起来进行评分的评分体系，每一小项在总成绩中都占一定的分值比例，任何一项没做好，都会影响 GPA 成绩。一般来说，平时作业占 20%—30% 分值，课堂表现、文章、小测验、期中成绩等在总分中占的分值比例较大，一共占大概 50%—60%，期末成绩占 20% 左右。所以，平时的学习和课堂表现很重要，单靠期末考出好成绩的方法是行不通的，平时的每一项作业都要认真对待。

申请大学需要提交初三到高三全部的 GPA 成绩。要想申请名校，每一年各科成绩最好都达到 A。如果有一项 B，可能会影响名校录取。这就需要孩子每一科都要认真学习，平时在课堂上要积极参与课堂讨论，每一项大作业都要认真完成，每一次测验都要重视，期末成绩也要考好。只有每一项都搞好，才能保证最后的 GPA 成绩。

2. 要准备语言考试，早一点考出理想成绩

可以根据孩子申请的目标学校选择考托福或雅思。如果孩子的语言基础不错，在高一时就可以参加一次考试，摸一下底，看看听、说、读、写四项的水平。然后针对性地补自己的弱项，争取在高二时把最好的成绩考出来。因为到高三时，要考 SAT，考各门 AP，要保证学校成绩，还要写很多申请文书，要选学校，要申请大学，非常忙。

　　一年有很多次托福考试机会，只要孩子准备好，选择好考点，随时可以申请考试。但是，孩子最好不要考太多次，因为每一次考试在考试中心的大数据里都有记录，考的次数多只能说明孩子基础没有打好。最好在第一次摸底之后，好好打好基础再参加第二次考试。托福满分是120分，如果第二次成绩达到110分左右，就可以不用再考了。如果不理想，可以准备一段时间再考一次。有些孩子会在高三申请大学之前最后再考一次，这看孩子自己的安排。但是高三非常忙，最好不要把所有的事情都拖到最后完成。

3. 准备AP考试

　　如果孩子上国际学校或者上高中的国际班，在高一时就可以选修AP课程。一般来说，高一可以选修一门AP课程。因为选修了AP课程，考试成绩既算学期的成绩，也算AP成绩。孩子在高一时需要适应高中学习生活，如果选修太多，考不出四分或者五分成绩，这个AP成绩对申请大学就没有用。所以，学一门就要花精力考好一门。高二时可以选两门或者三门，根据孩子的学习情况选择。高三时最好也选修几门。因为高三上学期申请完大学，下学期其实不太忙。所以，高三可以多选几门，具体由孩子根据情况做选择。

4. 准备SAT考试

　　SAT是申请许多大学都需要准备的考试（也有学生选择考

ACT，但是多数学生选择考SAT）。这个考试每年有几次考试机会，孩子需要提前根据自己的学习情况申请考试。一般来说，孩子会在高二时开始考SAT I。可以在高二第一学期12月份考一次，次年3月份考一次，8月份考一次。如果孩子成绩不理想，可以在高三上学期12月份考一次，等考试成绩出来正好赶上申请大学。SAT I满分是1600分，如果孩子能够考取1500分以上就非常理想了，能符合很多名校的要求。申请大学时，提交孩子最好的那次成绩即可。

SAT II成绩也是很多大学要求提交的成绩，孩子可以根据自己的专业方向选择考试科目。一般来说，孩子会考三门到五门。SAT II可以安排在每年的6月份考，与AP考试时间错开。SAT II最好在高二6月份考完，因为SAT II与SAT I是同一时间的考试，考生每次只能考SAT I或者SAT II，不能同时考。所以，一般考生都会在5月考AP，6月考SAT II，其他考试时间考SAT I。

5. 提升孩子的软实力

国外一所全球顶尖大学表示："虽然申请人的学习成绩和标准化考试成绩可以有力地帮助我们对他做出评估，但是有些无法用数据衡量的东西也同样重要，甚至更加重要。"这些无法用数据衡量的东西包括孩子参加的各种竞赛、各种社团活动、孩子的兴趣特长以及申请文书等。而各种竞赛、社团活动和兴趣特长就是孩子的差异化竞争力。所以，留学的孩子除了要把GPA和标化成绩搞好，还要参加各种竞赛和社团活动，培养自己的特长，提升自己的竞争力。

可根据孩子的优势和特长，让孩子参加适合自己的竞赛，如各种物理竞赛、数学竞赛、辩论赛等。我小儿子参加过太空城市设计大赛、世界华语辩论赛等，都取得了大奖。孩子还需要参加学校的社团，比如学校的乐队、辩论队、摄影小组、话剧社、学生会等，也可以自己创立学生社团，在社团中培养领导力和团队精神。

这些竞赛和社团活动都需要在申请大学时填写在申请表里，这些是招生官考察一个学生是否符合自己学校选拔标准的重要参考指标。

6. 准备留学申请文书

留学文书是出国留学申请的重要材料，各院校招生官主要通过留学文书了解申请者是否符合申请条件。留学文书主要由个人陈述、命题作文、推荐信、个人简历构成。其中，个人陈述是主文书，命题作文是附表文书。

个人陈述（Personal Statement）是按照学校要求写一篇有关申请人个人背景、学术成就、未来研究方向和职业目标的文章。一篇成功的个人陈述不仅需要逻辑严谨、语言流畅、层次分明，体现出申请人的才华，还要充分展示申请者自身的学术实力、发展潜力，让学校招生官通过这篇陈述了解学生，看学生和学校的适配程度。招生官一天要阅读大量个人陈述，如果个人陈述不亮眼，招生官可能就对申请人不感兴趣，这个学校的申请就泡汤了，所以个人陈述的质量对录取结果影响巨大。

招生官在选择申请者时，首先希望听一听这个学生对自己作何评价。学生的自我介绍一定要能巧妙地展现自己的特点，要能够吸引招生官眼球。在写之前要先详细阅读学校的写作说明，了解问题的重点，先确定一个主题，围绕主题展开陈述。陈述一定不要像列清单那样介绍自己，而是多写你感兴趣的经历和想研究的问题。开头一定要引人入胜，以小故事或者名人名言开头，结尾处要呼应主题。文风要幽默有趣，但态度要真诚认真。要用积极的态度说明弱点，但不能表现得过于自信。要展示出你对学校相关专业的浓厚兴趣。文章一定要展示个性魅力，让招生官喜欢。

个人陈述的构思不仅要契合活动列表中列出的个性特质和价值取向，还要同推荐信等其他申请素材所描绘的形象、特质、逻辑一致且相互映衬。在写作时要重点注意以下方面。

个人视角：主文书是申请人形象的塑造与呈现，需要重点展现学生本人的自我感悟。

　　成长经历：想让一篇文书有可读性，那么写明变化是必不可少的。文书中可以展现孩子在一段长时间内所经历的蜕变，也可以仅仅是一段短期经历或一个事件给自己带来改变。

　　自我认知：不论选择哪一个主题，都会涉及自我认知。比如在事情发展的过程中，孩子在认知上的前后对比和改变，写明是如何改变的，孩子改变后的行为和生活。

　　故事呈现：用生动的叙述手法表现文章的核心思想和底层逻辑是写作的重点所在。

　　在写作之前，先总结出孩子最重要、最独特的一面，比如孩子的优点、特点、性格，用几个词概括出来。然后，回顾一下对孩子性格、认知、理想产生影响的经历，以及成长过程中的困惑、挫折、迷茫、成就等，在文书中要突出故事和反思。

　　人物：文书要让孩子成为故事的主角。无论写什么主题，孩子都必须处于文章的中心，因为写文书的目的就是为了让招生官和学校更好地了解孩子是谁。

　　反思：大学想看到的学生不光在学术上有成就，也需要有一定的成熟思想。所以在文书中，需要展现孩子对这些经历的反思或分析。孩子讲述这个故事的目的是什么？想让读者和招生官如何解读孩子的故事？分享这些经验、教训可以更好地帮助招生官从这些故事中了解孩子的价值观和人格。

总的来说，要求提交文书体现了学校对学生的软实力以及思想深度的高要求。孩子在成长过程中积累的活动素材是很好的切入点，所以平时就需要整理活动的素材，有好想法就写出来，争取在高二暑假把文书写好，然后再反复修改润色。

命题作文（Essay）是申请者对过去的成就、经历、挫折、技能、思想等进行总结，对未来进行规划的小文章，是附表文书。

命题作文是展示孩子软实力的主要途径，所以在申请材料中显得很独特、重要。

要写出一篇优秀的命题短文，要做到以下几点：

言简意赅，避免啰唆。每一个句子都应该简洁凝练。任何冗余或者没有价值的词语都应该删除。当你把文章精简，文章的质量就得到了提高。要知道，招生官在审核期间，一天时间内要阅读大量文章，他是没有时间来看啰唆、主次不分的文章的。

表述要明确。要尽可能详尽而又具体地去表达想法。细节能让孩子的作品更真实。要表达的思想一定要明确，要能够感染阅读者，让招生官信服。

主题要明确。学校给出的文章题目都有很强的针对性，在撰写之前一定要想清楚这个题目的含义，了解学校想通过这篇文章考查什么，然后再动笔，这样写出来的文章才不会离题。一些题目看着很简单，但是很不好写，如果没有一个独特的视角，没有一定思想深度，很难让招生官眼睛一亮。所以，写这类题目更需要多思考后再动笔。

各篇文章之间要相辅相成。一般来讲，每所学校会要求 3—5 篇文章，每篇文章考查的目的是不同的，因此在动笔之前要想好写作的思路和结构。在一篇文章中已体现的重点，在另一篇文章中就不要出现，否则几篇文章写下来只反映了一些特点，很多优势没有展示出来，这样招生官就无法看到一个完整的孩子。

保持风格和语调统一。在动笔之前，要想好写作风格和语调，并在整篇短文中保持一致。如果短文开头部分的风格是轻松和幽默的，就不要在短文中间突然转变为忧郁或者严肃的风格。如果把短文写成日记风格的，前后行文应一致。

多修改。文章一般都有字数限制，要把很多内容浓缩到一小段文字中，每个字都要认真推敲，让每一句话都有价值。写完以后多让身边人提提意见。一篇好的文章需要反复修改，才能完美呈现出来。

推荐信（Recommendation Letter）是申请文书非常重要的组成部分。大学通常会要求申请者提交 2—4 封由申请者学校老师写的推荐信。因为推荐信是申请材料中唯一的一种从第三者的角度对申请人学习成绩、学术科研能力、科研潜质和性格特点进行评价的材料。所以，推荐信直接关系到申请者能否出国留学，能否获得奖学金。

推荐信包含这些内容：

（1）被推荐人的基本情况介绍。包括学习态度、课堂表现、学习成绩等。

（2）对被推荐人的基本评价。这部分侧重于对被推荐人的专业基础、个性、特点、学习能力、在学术上的潜力进行说明。

（3）被推荐人曾经写的论文，参加过的竞赛，获得的奖励，在学生社团中的职务等介绍。

（4）推荐人了解的被推荐人的理想和志向等独特的信息。

大学提供的推荐表格中，一般有学生综合评估这一项，即要求推荐人说明被推荐人在所教的学生中是否应列为前 5%、10% 或 25% 等。这是老师对学生的个人评价。

推荐信由老师在线填写提交。所以，学生一般并不会知道老师写了什么内容，这就需要学生平时表现好，给老师留下好印象，这样老师写的推荐信才会给学生加分。

由谁写推荐信？

一般是找与孩子申请专业一致的科任老师，最好有一个英语老师和一个数学老师，另外找一个物理或者历史老师。推荐人必须熟悉学生的学习情况，了解学生的学习目的是否明确，在学术上是否有前途，以及学生的适应能力、创造能力、品行和特长。如果推荐人在国内外学术界享有盛誉，那写的推荐信就具有很强的效力了。

准备一份个人简历，目的是让大学全面、清晰地了解申请者的情况，应力求在真实、全面、简明的基础上，准确地展现孩子的面貌。

这些信息包括：姓名、生日、出生地、国籍、婚姻状态、通讯地址、就读过的学校、参加过的竞赛、取得的奖状、兴趣特长、参加过的社团、担任过的职务、参加过的义工活动、发表过的论文、是否出版过图书、未来的职业方向、拟进行的研究和希望研究的课题。

7. 选择理想的大学

要在全球大学中找到最适合孩子的学校，并不是一件容易的事。选择大学，不仅要看排名、录取率、规模、位置、气候等表象的指标，还要看学校的气质和办学理念是否是孩子喜欢的，最终是找到与孩子匹配的、孩子也热爱的大学。

那么如何找到适合孩子的和孩子爱的大学呢？家长要提前帮孩子认知自己，了解学校特点和优势劣，多比较，找到跟孩子匹配的大学。

8. 提交申请

每一个孩子都可以申请多所大学，但是，申请有很多讲究。有的国家大学录取包括提前决定申请（Early Decision）、提前行动申请（Early Action）和正常申请（Regular Decision），申请时需要根据自己选择的学校有步骤地申请。

通常申请者在每年的11—12月份将申请表提交给大学，在第二年的3月底前可以获知是否被录取。这就意味着一个人可能得到多个录取通知（Offer Letter），会拒掉一些录取通知。一些大学为了提前锁定一些优秀学生，就允许提前决定申请和提前行动申请。提前决定申请就是学生可以提前申请一所大学，只要在学校规定的截止日期（通常在每年的10月底到11月初）前提交申请表，就能在当年的12月中旬左右获知自己是否被录取。一旦被该大学录取，申请者就必须放弃其他大学的申请，只能到该大学就读。提前行动申请就是申请者可以申请多所大学，即使被录取了，也可以选择不去就读。ED（Early Decision）和EA（Early Action）都要求学生在申请之前做好了充分准备，已经考出了理想的标化成绩（托福、SAT、ACT），文书和老师的推荐信都准备好了，该提交的背景资料也都准备好了，这样早申请就没有问题。早申请的录取率比正常申请步骤申请的录取率更高一些。所以很多孩子会把握机会，早申请。

正常申请通常在每年的1月1日截止，每年的3月到4月出录取结果，因而要经过一个漫长的等待期。正常申请的人数是远远超过提前申请的，因此一般情况下正常申请的录取率会略低于提前申请。所以，一般学生都会早申请几所学校，把更多学校放在正常申请阶段。因为申请每一所学校时都要准备若干篇文书，如果都早申，孩子根本写不出来那么多。

申请大学时，孩子一般可以申请几所理想学校，申请几所与自己能力匹配的大学，申请几所保底的大学。所以，不少孩子最后能拿到数量不等的录取通知书。

所以，家长可放下焦虑，与孩子一起准备，一起申请，这个过程虽然复杂、漫长，但是走过以后，都会有收获。

18 岁成人礼，让孩子对自己负责

高三时，不少孩子迎来自己 18 岁的生日，正式成为法律意义上的成年人。成年意味着孩子既可以享受成人的权利，又要承担成人的义务和责任。所以，18 岁对孩子来说，具有标志性意义。现在的孩子 18 岁还不能够完全独立，还需要家长提供学费继续上学，继续深造。但是，我们也应该让孩子知道，他已经长大了，要学会对自己负责，对自己的言行负责，对自己的选择负责，对自己要承担的责任负责。所以，为了更有仪式感，不少家长会为孩子举行成人礼。

我的小儿子 18 岁时，我们正式为他举行了一个成人礼，邀请家里的亲人一起来见证孩子 18 岁。我和孩子爸爸认为，这个仪式的意义在于让孩子知道，如今与过去不同了，他长大了。我从孩子的成长档案里把他从小到大具有代表性的照片、证书、作品、成长中有意义的时刻整理成了一本纪念集，作为礼物送给他。我和爸爸分别给他写了很长的寄语，还邀请家里的亲人分别对他说一段寄语，配上他成长过程中的照片，制作成视频，在仪式现场播放给他看，让他很受感动。我特意定了鲜花，在现场送给他，祝贺他长大了，并在现场读了我给他的成人寄语。我认为，这个时刻父母说的话对他今后的人生会产生深刻的影响。

我相信，每一个孩子都需要一个成人礼，来证明他长大了。

18岁，孩子即将踏上大学求学之路，开启自己全新的人生。我们家长预祝孩子以梦为马，去追寻自己的诗和远方。以下是我当时给儿子写的寄语。

给十八岁儿子的寄语

亲爱的儿子：

今天，我们一起迎来了你的18岁生日，这一个在你一生中具有特殊意义的日子。

18岁标志着你已进入弱冠之年，正式成为法律意义上的大人，不用再被爸爸妈妈监护，可以独立去追寻你的梦想了！妈妈由衷地祝贺你，儿子，祝贺你长大啦！

看着一个小不点儿长成一个英俊、优秀的男子汉，此时此刻，妈妈非常欣慰和满足。一路走来，你给我们带来了数不清的欢乐和惊喜，让我们感到非常幸福、快乐。

我们内心很舍不得你长大，很珍惜与你相处的时光。但是，孩子，你终将长大，去追寻你的梦想，去广阔的世界创造奇迹。所以，爸爸妈妈虽心有不舍，但是绝不会阻挡你探索的路，我们支持你奔向远方。我们会一直做你坚定的支持者，站在你身后，在你需要的时候，做你坚强的后盾。孩子，带着你18岁无所畏惧的勇气，去实现你的梦想吧！

18岁意味着什么？

18岁意味着无限的可能性，意味着你可以去探索任何你想探索的领域，实现你的价值。不论你的梦想有多高远，都可以通过努力去实现它。你有的是时间，去经历，去尝试，去体验成功与失败。失败是人生的宝贵经验，它与成功一样珍贵，不用害怕失败。只管朝着梦想去努力，心有多大，舞台就有多大。

18岁意味着你需要有人生目标。有了目标，才会有方向，才会有短期计划和长期计划，才会有动力，才会脚踏实地去实现目标。当许多年以后，你成就卓著，回望人生时，你会为自己的努力而感谢自己。

18岁意味着没有人再一直拿着"小鞭子"鞭策你，一切从心。那就需要自律，自控，会管理时间，能克服拖延习惯，比别人先行一步，因为早行动才能掌握主动权。很多人害怕困难，但行动起来就会发现，世界上没有太难的事情，只要一步步去做，困难都能得到解决。

18岁意味着你将有自己的朋友圈。要与优秀的人交朋友，与心地善良的人交朋友。与人交往，要学会换位思考，有同理心；要多帮助别人，特别是要多雪中送炭，这样才会拥有很多知心朋友。朋友是你一生的财富，是你成就事业的好伙伴。

18岁，要做一个心胸开阔的人。要相信自己的实力，你是非常优秀的，你会有很好的前途。因此，你要有大的格局，不为小事情而烦恼。不论遇到了什么负面的事情，要积极去化解它，因为人生不总是坦途。要保持学习的习惯，多读书，多经历。书籍可以慰藉心灵，可以拓展你思想的深度和广度。经历可以开阔你的眼界，使你能以独到的眼光观察世界。

18岁意味着要有敬畏之心。首先要敬畏法律。这是人生的底线，任何时候都不要去触碰法律底线。其次，要敬畏生命。生命只有一次，有时候很脆弱，不要去做对生命构成威胁的事情，任何探险都要做好万全的防护工作。第三，要敬畏金钱。当你未来做投资或者做人生规划时，一定要记住，不要把鸡蛋放在一个篮子里，做好风险把控，让自己的人生永远有退路。

18岁，要做一个内心富足强大的人。人生不总有鲜花和掌声，挫折和困难也是人生的一部分。遇到困难和挫折时，不要消沉，要发挥自己的潜力多途径解决问题。学会利用自己身边的资源，使问题得以解决。假如解决不了，只要尽力了，就接受现实，不为难别人，更不为难自己。人生很长，不用为一时的荣辱和得失而痛苦。目光长远，才能看到更美好的未来。

18岁，意味着你离恋爱和成家立业近了一步。与女孩子相处是有很多讲究的。既然爱了，就要包容，要接受对方的全部，包括优点和缺点。所以，在未来找女朋友时就要慎重，选与自己三观契合、有共同志向、心地善良、能相互包容的女孩子，这样才能执子之手，与子偕老。

你过去的经历是你最大的财富。要自信，你已接受了最好的教育，你注定会成为一个创新型的人才。你要学会发挥自己的优势，厚德载物，自强不息。

万千叮咛饱含着我们对你难以言表的爱和沉甸甸的期望。人生很长，未来可期。

爱你的妈妈

难忘的毕业典礼

　　我小儿子高中毕业时，学校举行了一场精彩的毕业典礼。家长们作为观礼嘉宾，盛装出席。我们家委会提前组织班级家长们练习了《友谊地久天长》，在毕业典礼开始前，家长们一起上台演唱了这首歌。在歌声中，穿着毕业礼服的一对对男生和女生从观众席后面侧门走进来，走过红地毯，来到观众席第一排。学校领导、老师、家长和同学们报以经久不息的掌声。当孩子们全部入场后，舞台上的学校乐团徐徐演奏起毕业颂歌，毕业典礼拉开了序幕。

　　毕业典礼隆重又热烈。首先是校长致辞。校长充分肯定了这一届孩子们。他们克服重重困难，完成了学业，取得了很好的成绩，考上了心仪的大学。这一届孩子积极作为，勇于担当，对自己负起了责任，为未来闯出了一片天地。他们曾帮助困难的人，积极为山区孩子捐书捐物，开微店为农民卖小米，去四川大熊猫繁育研究基地做志愿者，为希望小学的孩子当英语小老师……这是一批有责任感、有担当的孩子。校长对全体毕业生表达了热烈的祝贺，向辛勤育人的老师们致以衷心的感谢，向无私奉献的家长们表示诚挚的敬意。她鼓励毕业生们以后勇于承担四种责任：对自己的责任、对家庭的责任、对工作的责任、对社会和国家的责任。她勉励同学们要永远具有"自强不息，厚德载物"的母校精神，有"兼容并包"的国际视野和胸怀，勇于担当，在全球化背景下肩负起时代责任，成为改变世界的人。

"亲爱的毕业生们，曾经的你们浸润在母校的文化土壤中，在课堂内外践行着母校的核心价值观，传承着"自强不息，厚德载物"的母校精神。相信今天的你们已经将这种深植在内心的精神化为一种力量、一种信念，能够勇敢地面对人生路上诸多的不确定，能够自信地面对未来的挑战！"

校长致辞完，一位2013届校友发表了深刻又有趣的演讲。他的演讲让大家看到了本校培养出的学生是多么优秀。他在演讲结束时，鼓励毕业生们找到自己的长期目标，保持中国心，在世界的舞台上为祖国发声。

随后，一位毕业生代表分享了自己选课的趣事：九年级结束时，她为自己终于逃离了几个极其严厉的老师的课而松了一口气，但后来她又加入了这些老师负责的选修课和社团，出现这样的反转是因为她真的从这些老师身上学到很多，除了教科书上的知识，还学到了很多人生经验。

之后，学生乐队用电吉他演奏了《火车驶向云外》。这个学校的孩子多才多艺，每一年的新年晚会都是由孩子们自己演出的，精彩纷呈。

接着是一位家长代表致辞。他分享了女儿从小学六年级到高中毕业这七年间的成长和蜕变。初中时，各种新奇的教学内容和老师教学方式点燃了女儿的求知欲和广泛的兴趣；高中时，高强度的学习没有压垮女儿，反而提高了她的时间管理能力、多线条工作能力和抗压能力；学校丰富多彩的俱乐部活动是女儿学习生活的一种补充，帮她逐渐找到了自己人生的大方向和内心热衷的事业。正是这所学校让女儿自信满满、富有责任心。他感谢一路帮助孩子成长的老师们，并鼓励毕业生们在人生的旅途中保持纯真，自强自信，志存高远。

在音乐声中，校长向所有毕业生颁发了毕业证书并举行拨穗仪式。当所有毕业生们在舞台上手捧毕业证书，怀着激动的心情向老师、同学和家人们挥手时，观众席上掌声雷动，家长们纷纷给孩子们送上鲜花，祝福孩子们顺利完成学业。

当一个个孩子走上舞台，接受校长颁发的毕业证书时，大屏幕上投放出孩子们童年时的稚嫩照片和毕业时朝气蓬勃、洋溢着青春气息的照片，展示孩子的成长历程，家长们感慨万千。

合影之后，孩子们在音乐声中依次走上舞台，往许愿箱里投给十年后自己的一封信。我感动于学校领导的用心。这封信是孩子的十年之约，意味着这十年他们要努力完成学业，成家立业，担负起对家庭和社会的责任。十年后的他们都已进入而立之年，将会成为社会的中坚力量。

　　毕业典礼结束时，孩子们一起在楼下广场把帽子抛向天空，庆祝高中毕业。

　　中午，小礼堂举行了毕业午宴，孩子们给所有老师都准备了答谢礼，感谢老师的精心培养和一路陪伴。看到孩子和老师一起合影，互相祝福，非常友爱，我很是感动。

　　晚上，学校为孩子们准备了一场毕业舞会。孩子们多才多艺，不仅表演了很多节目，还一起欢乐地排成一列火车，在音乐声中欢快地跑起来。当火车头的孩子一手挥舞着一条小毛巾，一手叉腰，后面几十个孩子一个个把一只手搭在前面孩子的肩上，另一只手在空中舞动。周围的老师和围观的孩子们都纷纷用手打着节拍，摇摆着呼应。我的内心只有一个声音：青春的样子真好！

　　是的，青春真好。这群刚刚长大的孩子，即将奔赴各地求学。未来，他们学有所成，将成为社会的中坚力量，承担起建设国家的责任。未来属于他们！祝愿孩子们一路成长，风雨无阻，爱你们所爱，行你们所行，无问西东。附毕业典礼上，特邀嘉宾做的主题演讲（精选部分）。

关于人生的目标和意义

　　我在清华大学上大学的时候创办了自己的公司，当时的我也就比你们现在的年龄大一点。2016 年，我的公司作为一个来自中国的大数据和人工智能公司，成功登陆纳斯达克，我也成为纳斯达克上市的中国企业 CEO 中最年轻的。

　　我在比你们还小的时候，就决定创办自己的公司。记得 18 岁生日那天，一位高中好友送给我《比尔盖茨的故事》作为生日礼物，他在扉页写道："比尔盖茨只是比你领先一步。"看得出来，我的高中同学都知道我想创建自己的软件公司。所以，收到好友的礼物后我备受鼓舞！我深知自己热爱软件行业，擅长写代码。人们常说："如果你喜欢自己擅长的事，刚巧它也是你的工作，那么你真的很幸运，它将成就你的职业生涯。"我完全同意这个观点，这正符合我的情况，我倍感幸运，心存感激。

　　我相信信息技术将会改变世界。当我意识到中国强大而又有竞争力的软件公司还不多时，就下定决心创建一家。追逐梦想并且实现梦想，并不是一件容易的事。在实现终极目标的过程中，总是充满艰辛和迷茫。所以毅力显得格外重要。父亲想让我学习机械工程，希望日后能回到家乡接管他的生意，所以他坚持送我去学习工程专业。进了清华以后，我想做的第一件事就是转到计算机软件学院学习。无法想象当时有多难，但是我坚持如此，一定要转专业。

在上大三的时候，我得到了去微软亚洲研究院实习的机会，去做自然语言计算，也就是人工智能。这个机会对清华学子来说来之不易，我在那里工作了三个月，获得了可以留在那里工作的机会，但是我的目标非常清晰，我想自己创业，于是我拒绝了微软的工作机会。

那我为创业都做了什么，选择了哪个方向？首先，我的公司名字叫 Gridsum，它是由 grid 和 sum 两个词组合在一起的。grid 就是网络计算，就是让一组连接的电脑一起完成某项任务；Sum 就是简单地把数加在一起。为什么我要把这两个词组合在一起呢？因为我相信这是计算机的未来。幸运的是，我的观点没错。如今，大家都知道"大数据"这个词，那么什么是"大数据"呢？从技术层面来讲，大数据就是一个框架，它可以解决摩尔定律（当价格不变时，集成电路上可容纳的元器件的数目，约每隔 18—24 个月便会增加一倍，性能也将提升一倍。换言之，每一美元所能买到的电脑性能，将每隔 18—24 个月翻一倍以上。这一定律揭示了信息技术进步的速度）的局限问题。但是如果你每天都做数据处理，那么数据容量的增速就会快于摩尔定律，也就意味着你不能仅仅靠购买最新的电脑硬件来解决不断增加的数据处理任务。解决这个问题的唯一办法就是尽量让多台电脑同时工作，用以提高计算能力。听起来具有可操作性，但是实践起来很难。

众所周知，中国有句古话："一个和尚挑水吃，两个和尚抬水吃，三个和尚没水吃。"英语中用"Everybody's business is nobody's business"来表达这个意思。这种现象在计算机行业很常见。Gridsum 的理念就是将数据分成不同的组，然后再把它们整合在一起。大约在 2012 年，"大数据"成了热搜词，而我早在 2002 年之前就产生了运用大数据这个想法，这个想法支撑我了很多年。我对自己的想法深感自豪，但更重要的是我坚持了十年。如今很多人缺乏毅力，受外界影响，时常怀疑自己，频繁改变方向，这不利于成功。

如今，信息技术迅猛发展，手机里有很多智能软件，随时都可以收到信息，可以查询想要的信息，我们甚至不用过多地去想。但这也让很多人失去了思考、推理、假设的能力。你们应该都知道，这些能力是形成人类科学方法论的基础。只有不断锻炼这些能力，我们才会变得更聪明、优秀。

我经常跟我的员工们讲创建一家公司，需要实现三个目标：需要先挣钱养活自己；需要创建核心的东西来影响并改变这个行业；成为为世界做出重要贡献的公司。我觉得定义、解释一个企业的目标和意义没那么难。

今天，我想告诉大家的是，每当离成功只有一步之遥，却遇到挑战与挫折时，决不能放弃。

我坚信人生的意义和目标就是追逐梦想，挖掘潜能，严于律己，竭尽全力，成就更好的自己。希望大家将来都能走向成功，生活幸福，进而为世界贡献力量。

给孩子装好"发动机"，备好"工具箱"

　　记得小儿子在高三时，非常想独自生活。高中毕业后，他真正独立了，自己一个人拖着行李，独自乘飞机奔赴大洋彼岸去求学。

　　孩子长大了，终于独自驾驭自己的"人生列车"，奔向自己的诗和远方。父母要做的，就是给孩子装好"发动机"，备好"工具箱"，让孩子勇敢地一路向前。

为什么要给孩子装上"发动机"？

　　孩子的自驱力是孩子走向成功，收获幸福人生的保障。只有给孩子装上动力强劲、经久耐用的"发动机"，让孩子能够自我驱动，孩子的人生才能越走越开阔。

　　1.孩子成长、发展，最终靠的是自驱力。父母的作用终究是外力，力量有限，也难持久。孩子需要有自己内置的"发动机"，自我驱动，奔向自己的梦想之境。

　　2.孩子有了自己的"发动机"，就可以根据环境变化及时调整方向，转换速度，提升效能，灵活驾驭自己的"人生列车"。

父母怎样才能为孩子装上"发动机"呢?

1. 帮助孩子规划人生愿景，树立远大的理想

与孩子一起讨论孩子的志向是什么，将来想成为什么样的人，为什么要成为那样的人，自己要做哪些方面的知识和技能准备。

与孩子一道进行人生规划。因为孩子心里有目标，人生就有方向，他就会一直顺着这个方向努力，终究有一天，他会实现自己的梦想。

2. 尽早帮助孩子明确人生使命与发展路径

与孩子讨论将来要成为什么样的人，成为那样的人对自己、对社会有什么好处，成为那样的人需要经过哪些步骤，当前应该怎么做。

使命提醒孩子：你正走在实现你理想的路上，你要持续不断为自己的梦想去奋斗。

3. 让孩子学会为自己加油

当孩子实现里程碑式的进步时，要举行仪式为孩子庆祝。要引导孩子学会自我激励，自我加油，自我奖赏。

父母为什么要给孩子备好"工具箱"呢?

1."发动机"总有出毛病的时候。到那时,孩子就需要拿出"工具箱",进行"自我维修"和"保养"。

大学是一个小社会,孩子进入大学,要与各种性格的人打交道,免不了会出现矛盾。孩子如何处理好这些矛盾?

常看到网上一些家长讲,孩子上大学不适应,不能与同宿舍的人处好关系,要求搬出宿舍,让家长去陪读。这就是孩子适应不了大学生活。家长应该给孩子的"工具箱"装好"工具",让孩子学会"自我维修"。

2.这个"工具箱"里要装进人生经验、教训、正确的三观、积极的思维方式和做事情的方法论。当孩子遇到问题时,可以用这些"工具"解决问题。

这个"工具箱"里要不断装入孩子积累的人生经验、教训、学到的新技能和新的方法论，使这个"工具箱"更好用，成为孩子的人生智慧宝藏。

家长如何给孩子备好"工具箱"？

1. 培养孩子的正知正念

告诉孩子，每个人来到世界的目的之一是为了获得快乐与幸福，我们为了让自己的生活更美好，要成人达己，相互成就，帮助别人，让别人的生活也更美好。这样，别人也会帮助你，利他才能利己。

2. 培养孩子正面看待外界的世界观

让孩子相信世界上美好的东西多于阴暗的东西，遇事总往好处想，用积极的方式处理问题，主动传播正能量。

3. 教育孩子积极融入社会

教育孩子遵纪守法，正直爱国，懂得感恩，开放包容，积极创造，做一个受社会欢迎的人。

4. 培养孩子积极的思维方式

一个人看待世界的方式会直接影响他的性格、心理。如果一个人总是看别人不顺眼，总觉得别人对不起自己，总是计较得失，那么一个很小的事情都会对他的心理造成影响，使他的心情糟糕到极点。

一个人看待世界的方式受他的思维方式的影响，而思维方式又受他的世界观、价值观、人生观的影响。所以，家长要帮助孩子树立正确的三观，用积极的思维方式看待这个世界，心存善念和慈悲，正确处理生活中的矛盾。

5. 培养孩子的逆商

社会竞争越来越激烈，学习、创业、做事等难免遇到不顺利。在这种情况下，孩子只拥有高智商、高情商是不够的，还需要有高逆商，不怕困难与失败，在遇到挫折时勇敢站起来。

心理学家指出，挫折是人生的一部分，任何人的一生中不遇挫折是不可能的，接受它才能更好地成长。

6. 教孩子直面失败

为了避免孩子失败，一些家长会帮助孩子逃避失败，不面对失败，这样可能会影响孩子的未来。孩子也需要通过经历并战胜失败来成长。经历过挫折和失败，孩子才能有深刻领悟，才能磨炼意志与能力，从而成长。所以，家长要多对孩子进行挫折教育，增强其生命的韧性。

7. 引导孩子自己去闯

现在很多家长将孩子的人生安排得很好，想让孩子一生一帆风顺。这种心情是可以理解的，但是人生会有很多意想不到的事情，让孩子自己去闯，去选择道路，提升孩子的抗挫能力，才是真正对孩子好。所以不要给孩子铺平道路，要引导他自己去闯。